IM GARTEN DER DICHTER

Isolde Ohlbaum

IM GARTEN DER DICHTER

Der Petrarca-Preis

Gina Kehayoff Verlag
München

Der Verlag dankt besonders
Judith Betzler, Michael Krüger, Peter Hamm
und Hubert Burda
für die Zusammenarbeit.

Layout: Fanny Ledebur
Umschlaggestaltung: Lennart Jauch
Abzüge: Schwabinger Fotolabor, München
Scans: Repro Kölbl, München
Gesamtherstellung und Lithographie: Publice GmbH, München
Druck und Bindung: Universitätsdruckerei Dr. C. Wolf und Sohn, München

Printed and bound in Germany
ISBN 3-929078-62-7

Zweite Woche Juni

Die Geschichte des Petrarca-Preises ist eine Geschichte der Freundschaft. Sie beginnt an einem Wochenende im Juli 1974 in der Wohnung von Hubert Burda in München, wo sich ein paar Freunde zum Frühstück versammelt hatten. In einer der Wochenendbeilagen stand ein großer Aufsatz über Francesco Petrarca, der vor sechshundert Jahren in Arquà bei Padua gestorben war. Jeder von uns konnte die berühmte Zeile „Solo et pensoso i più deserti campi" aus dem *Canzoniere* vor sich hinmurmeln, Bazon Brock, als Leser Joachim Ritters, wußte uns sogar in die Geheimnisse der Besteigung des Mont Ventoux einzuweihen, die für die ästhetische Wahrnehmung von Landschaft und in der Folge für die Landschaftsmalerei so wegweisend wurde, einer erinnerte daran, daß Petrarca einst in Rom mit einem Lorbeerkranz zum Dichter gekrönt worden war, und schließlich befanden wir uns – vier oder fünf jüngere Männer – in einer Diskussion über die petrarkistische Vorstellung von der verzichtenden Liebe als Voraussetzung für die wahre Dichtung: „Ein Mann – so Iso Camartin –, der eine Frau liebt und darüber sprechen oder schreiben zu müssen glaubt, bleibt bis zum heutigen Tag ein Schüler Petrarcas." Als wir später in der Buchhandlung erfahren mußten, daß es wohl einige der Lateinischen Traktate gab, aber keine einzige Übersetzung des *Canzoniere* greifbar war, entstand der Plan, auf angemessene Weise an den großen Dichter des „eiskalten Feuers" zu erinnern.

Über den Anfang eines Preises, der eine gewisse öffentliche Wirkung gehabt hat, existieren viele Legenden. Aber ich glaube, es war Hubert Burda allein, dem die Idee zu danken ist, für einen Zeitraum von zunächst fünf Jahren einen Petrarca-Preis für Lyrik zu verleihen, den er auch großzügig finanzieren wollte. Für diese Variante spricht, daß schon wenige Monate später die erste Jury tagte: Nicolas Born, Bazon Brock, Peter Handke, Urs Widmer und ich; und ebenso, daß wir im Juni 1975 bereits den ersten Preis vergeben konnten, auf dem steinigen, tatsächlich windumtosten Mont Ventoux: er ging – posthum – an den im April 1975 bei einem Autounfall in London ums Leben gekommenen Dichter Rolf Dieter Brinkmann, dessen Gedichtband „Westwärts 1 & 2" wir uns gegenseitig mit Begeisterung vorgelesen hatten. Brinkmann, der manchmal bis zum Selbsthaß aggressive, dann wieder unglaublich zarte Künstler, war der erste in der Reihe von Dichtern, die wir uns als ideale Weggenossen für unsere Reise vorgestellt haben. An einer windgeschützten Stelle im Berghang des Ventoux las Born den Mitgereisten das Gedicht „Nach Shakespeare" vor, Peter Handke hielt die Laudatio und Bazon Brock überreichte später in einem versteckten Restaurant inmitten blauer Lavendelfelder den Lorbeerkranz stellvertretend an Rolf Dieter Brinkmanns Frau Maleen.

Das Erlebnis dieser drei Tage im Juni 1975 – die Lesungen, die Landschaft an der Sorgue, das Essen, die beginnende Freundschaft der aus allen Himmelsrichtungen angereisten Gäste und die uneingeschränkte Generosität und Freundlichkeit unseres Gastgebers – war überwältigend. Wir würden uns anstrengen müssen, um auch die folgenden Feste in diesem hellen Licht erleben zu können. Große Literaturpreise – wie große Kunst – brauchen auch etwas Glück, um zum Erlebnis zu werden; dieses Glück ist uns zuteil geworden und hat uns zwanzig Jahre nicht verlassen. Was wir nicht brauchten, war eine Satzung. Die einzige Bedingung war, daß sich die Jury auf einen Kandidaten einigen mußte, der im Sinne des Stifters eine subjektive Haltung des Schreibens verkörperte – an diesem ungeschriebenen Gesetz hat sich bis zum Schluß nichts geändert.

Die nächste Verleihung fand in Arquà Petrarca statt, im Sterbehaus unseres Patrons, in dessen Garten die Preisträger Sarah Kirsch und der unvergessene Ernst Meister lasen. Keiner, der dabei war, wird je vergessen, wie Ernst mit der Lupe vor den Augen die wenigen Worte seiner Gedichte einsammelte, sie wie Kiesel im Mund wärmte und dann langsam aussprach, umringt von den mitgereisten Kindern, die den schweren Mann mit freundlicher Bewunderung anstarrten. Das aufleuchtende Pathos, das diesen ganz und gar unprätentiösen Dichter während der Lesung umgab, erfüllte eine Stunde des Glücks, die weit über den Anlaß hinaus wirkte. So und nicht anders müßten Dichterehrungen aussehen, wenn sie noch einen Sinn haben sollten.

Wieder ein Jahr später ging es nach Tusculum, wo Bazon einen veritablen Tempel – den ausgegrenzten Ort – mitsamt Girlanden aufbauen ließ, in dessen schattigem Inneren nicht nur heilige Dinge geschahen. Der Preisträger Herbert Achternbusch, mit der gesamten Familie angereist, drehte durch, als der Projektor, der uns seine Filme zeigen sollte, streikte. Die Technik hatte sich gegen die Poesie verschworen, und ein paar deutsche Journalisten waren glücklich, einen Skandal beschreiben zu dürfen, während die italienischen Gäste sich über die deutschen „Barbaren" wunderten. Eben noch hatten sie im alten Amphitheater den deutschen Dichtern zugehört und mit ihnen in Frascati den neuen Wein genossen, schon wurden sie Zeugen deutscher Streitlust im Vorhof des Paradieses.

Im Jahr 1978 trafen wir uns mit dem Preisträger Alfred Kolleritsch in Siena zur festlichen Verleihung: Oskar Pastior kam aus Berlin zur Lesung, Jürgen Becker aus Köln, der Soziologe René König und der Philosoph Reinhard Brandt feierten mit, und vor dem berühmten Bild im roten Ziegelbau des Palazzo Pubblico, das die gute und die schlechte Regierung zeigt, wußten wir, auf welcher Seite wir stehen: Alfred Kolleritsch, der philosophische Poet aus Graz, der eines der geschlossensten Dichtungswerke dieser Zeit geschrieben hat, wies uns den Weg, und Bazon Brock, der enthusiastische Historiker, stand in der Mitte der muschelförmigen Piazza del Campo und erklärte die Welt, daß uns Augen und Ohren aufgingen.

Der letzte Preis ging an den polnischen Dichter Zbigniew Herbert, in Verona 1979. Es war eines der schönsten und festlichsten Ereignisse – und eines der traurigsten: Während wir in den Duodeci Apostoli Herrn Cogito, den ironischen Melancholiker, hochleben ließen, der damals noch im Pariser Exil lebte, starb weit entfernt unser lieber Freund Ernst Meister. Und es war das letzte Beisammensein mit Nicolas Born, der nicht nur einer der aufrichtigsten Schriftsteller unserer Generation, sondern auch ein großartiger Kumpan war; er starb wenig später an Krebs. Sollten wir nach fünf Jahren geglückter und beglückender Wanderschaft aufhören? Zbigniew sagte in seiner Dankesrede: „Bevor Petrarca – dieser unermüdliche Wanderer – sich auf seine letzte Reise begab, korrigierte, verbesserte und vernichtete er seine Manuskripte und Briefe. Die Moral dieser Geschichte ist auch für uns gültig: Man soll die Spuren verwischen." Und Urs Widmer sagte in seiner vermeintlich letzten Rede: „Fünf Jahre lang hatten wir versucht, aus Hubert einen Renaissancefürsten zu machen, edel, demütig und Kathedralen stiftend, und in dieser Zeit hat er uns, durch seine tolerante Großzügigkeit, zu Dichtern gemacht, die wie neu geboren mit Flöten in Kreuzgängen tanzen, Trauben essen und Soave aus Kelchen trinken." Er jedenfalls sehne sich nicht nach den *letzten* Dingen, sondern nach einem Ort und einer Zeit, wo wieder von *ersten* Dingen geredet wird. Wolfgang Liebenwein erklärte uns S. Zeno, Bazon den Palazzo del Te in Mantua, der Maler Fritz Schwegler vergab an Hubert Burda den Preisstifter-Preis, Peter Rühmkorf und Rolf Haufs lasen Gedichte, Lea Ritter-Santini hielt einen ihrer inspirierten Vorträge über Petrarca, am letzten Abend flossen der Wein und die Tränen des Abschieds, und um Mitternacht bat Lars Gustafsson, der Dichter des „Wir fangen noch einmal an, wir hören nicht auf", im Namen der Festgesellschaft darum, den Preis für noch einmal fünf Jahre zu verlängern.

So trafen wir uns 1980 wieder, in Florenz, wo der Preis an Ludwig Hohl verliehen wurde, der selber aus Altersgründen nicht mehr anreisen konnte. Alexander Seiler zeigte sein großes Filmportrait von Hohl, so daß der asketische Autor der *Bergfahrt* und der *Notizen* auf überdeutliche Weise anwesend war: „Es kommt darauf an, das Richtige zu tun; *Arbeiten ist die Realisierung des Erkennens*. Aus Erkennen genährt, nährt es das Erkennen. Das Erkennen nährt sich nicht selber." Lars Gustafsson und Zbigniew Herbert waren der Jury beigetreten, zu unseren kunsthistorischen Führern kam Hermann Bauer dazu, Paul Wühr gehörte von nun an zu der Gruppe der Dichter, die alljährlich ihre neuen Arbeiten vorlas. Ein Jahr später, als Tomas Tranströmer, begleitet von seinem Übersetzer Hanns Grössel, den Preis in Vicenza erhielt, war Hermann Lenz das erste Mal dabei – das heißt: die Reisegesellschaft wurde größer und dennoch fester, und das Kunststück, diese Gruppe zusammenzuhalten, wurde keinesfalls schwerer: Im Gegenteil, die innere Verbundenheit nahm zu. „Zwei Wahrheiten nähern sich einander", heißt es in einem Gedicht von Tomas Tranströmer, „eine kommt von innen, eine kommt von außen, und wo sie sich treffen, hat man eine Chance, sich selbst zu sehen."

Im Jahr 1982 dankten wir in Sils-Maria Ilse Aichinger für ihren „Verschenkten Rat". Als wir uns in dem kleinen neo-gotischen Schlößchen im Bergell zur Preisverleihung niedergelassen hatten und ich mit der Laudatio beginnen wollte, ging im engadinischen Junigewitter das Licht aus: zum zweiten Mal in unserer Preisgeschichte hielt uns die Technik zum Narren. Mazzino Montinari, der Herausgeber von Nietzsches Werken, und Peter Horst Neumann, der feine Interpret deutscher Lyrik (und spätere Dichter), unsere neuen Gäste, hörten mit uns zusammen Ilse Aichingers Botschaften bei Kerzenlicht zu: „Gib mir den Mantel, Martin, / aber geh erst vom Sattel / und laß Dein Schwert, wo es ist, / gib mir den ganzen."

Aus der Schweiz kam unser nächster Preisträger, Gerhard Meier, der auch bis heute unser Freund geblieben ist. Er las aus *Borodino:* „Wir sind daran, im *Abendland* zumindest, alle unsere Bilder einzutauschen gegen ein einziges: das materialistische Allerwelts-Weltbild." Gerhard und Dorli Meier vor der Kathedrale von Vézelay, unter dem mächtigen Christus in der Mandorla, umgeben von den Gästen Ilma Rakusa und Felix Philipp Ingold, Heinz Schafroth und Dietmar Kamper, Jürgen Manthey und Walter Helmut Fritz, Karlheinz Stierle und Wolfgang Ebert, Henning Ritter und Uwe Brandner – es waren unvergeßliche Tage. Und zum Abschluß, 1984, fuhren wir noch einmal nach Avignon, um Gustav Januš zu feiern, den slowenischen Dichter und Maler aus Kärnten, dessen Gedichte Peter Handke übertragen hatte. Am Fuße des Mont Ventoux, wo unsere Reise zehn Jahre zuvor begonnen hatte, trug uns nun der Bürgermeister eines kleinen Dörfchens in deutscher Sprache Gedichte von Hölderlin vor. Somit war wieder ein Kreis geschlossen.

Sollten wir aufhören? Oder konnten wir einen solchen Preis, der ohne Blumenbouquet und ohne öffentliche Ausschreibung zehn Jahre lang existierte, weil er von einer Gruppe von Enthusiasten getragen wurde, noch einmal verlängern? War es nicht besser, mit den schönen Erinnerungen und den unauslöschlichen Bildern aus den vergangenen zehn Jahren zu leben? Immer im Mai kamen die sehr ernst gemeinten Anrufe, ob man sich nicht doch wieder treffen könne, weil der Juni ohne Petrarca-Preis nichts mehr wert sei: „Dove pace trovai d'íogni mia guerra – Hier, wo ich Frieden finde nach jedem meiner Kämpfe", wie es bei Petrarca heißt. Also verlängerten wir wieder um fünf Jahre und trafen uns 1987 in Asolo, um Hermann Lenz zu preisen. Es wurden wieder drei magische Tage. Peter Hamm, der in die Jury eingetreten war, hielt die Laudatio auf Hermann Lenz, Lea Ritter-Santini sprach über die Duse, die in Asolo gelebt hatte, Luigi Forte führte uns durch den Ort, und Hanno Helbling, der den neu gegründeten Petrarca-Übersetzerpreis für seine Übertragungen von Montales großen Zyklen erhielt, sprach über Pietro Bembo, den Dichter der „Asolani". Andrea Zanzotto besuchte uns und las uns seine Gedichte vor und Adrian von Buttlar zeigte uns die Villen längs der Brenta – und am Sonntag, als die meisten sich schon verabschiedet hatten und der „harte Kern" noch eine letzte Flasche leerte, wußten wir, daß es richtig gewesen war, den Preis nicht aufgegeben zu haben.

„Und jetzt laßt uns alle hier von unserer 'ewigen Unruhe' für eine Zeitlang – wie das ja der Hauptsinn dieses Preises ist – ausruhen, auf der Klippe von Duino, der zwar gewiß nicht beständig sonnigen, durch den Geist, der einst am Werk war, jedoch gewiß beständig ein wenig lichteren", sagte Peter Handke am Schluß seiner Laudatio auf Philippe Jaccottet, der 1988 den Preis erhielt. Tomas Tranströmer und Philippe Jaccottet waren stets die leisesten Dichter in unserer Runde, die geduldigen Zuhörer und Horcher, die Dichter des Schnees und der Lichtflecke.
Der Übersetzerpreis ging an Georg Rudolf Lind für seine großartige Übertragung des Gesamtwerks von Fernando Pessoa und ein dem Andenken Nicolas Borns gewidmeter Preis für jüngere Dichter erhielt der Berliner Uwe Kolbe. Friedhelm Kemp, der Übersetzer Jaccottets, war ebenso unser Gast wie die Triestiner Dichter Stelio Mattioni und Giorgio Voghera, die uns von Claudio Magris vorgestellt wurden.

In Lucca, 1989, lernten wir Jan Skácel kennen, den böhmischen Dichter mit den buschigen Augenbrauen, der die schönsten und traurigsten Gedichte schrieb. „Wie nur die Liebe, welche die Gedichte Jan Skácels auf mich Leser übertragen ... hinüberbringen ins Reden, in die Worte einer sogenannten Laudatio?" fragte Peter Handke. Ach, dieser unvergeßliche Jan Skácel aus Brno/Brünn, der kleine Mann mit dem karierten Hemd, Kettenraucher, Dauerhuster, der die zartesten Gedichte schrieb und einst einer der mutigsten Männer in seinem besetzten Land war! Nur einmal war er dabei. Als wir ihn im nächsten Frühjahr in Brünn besuchen wollten, gab es ihn schon nicht mehr. Brinkmann, Meister, Hohl, Born, Skácel – die Todesliste wurde länger. – Felix Philipp Ingold, der

Zürcher Schriftsteller und Slawist, erhielt den Übersetzerpreis für seine Übertragungen des französischen Dichters ägyptisch-jüdischer Herkunft Edmond Jabès, und Eva Schmidt den Nicolas Born-Preis.

1990 trafen wir uns in Siena wieder, der Stadt Federigo Tozzis, um dem großen eigenwilligen Dichter Paul Wühr den Preis zu verleihen. Das hatten die Sienesen noch nie gesehen, daß in ihrem kleinen Theater einer aufstand und mit klarer bayerischer Stimme seine widerspenstige Dichtung vortrug: ein Wachhalten der Trauer über die immer wieder mißlingende Arbeit der Vernunft. Felix Burda, Christian Döring, Rainer Goetz, Wolfgang Hilbig und Uwe Kolbe bildeten für zwei Jahre die Jury des Born-Preises, mit dem Peter Waterhouse, der Dichter aus Wien und Übersetzer Zanzottos und Michael Hamburgers, ausgezeichnet wurde. Fabjan Haffner erhielt für seine Übersetzungen von Florian Lipuš den Übersetzerpreis. Wir waren – für kurze Zeit – jünger geworden: Michael Donhauser und Thomas Kling, Jane-Ann Igel und Angelika Klüssendorf und viele andere lasen in einer alten Scheune vor, in die sämtliche Dichter und alle ortsansässigen Insekten vor dem Regen geflüchtet waren: „Pinien und Eichen / wechseln den Schleier, / Blitze spalten die Hügel, / das Weinland ergreift den Donner", wie es in dem Gedicht „Toskana, Gewitter" von Alfred Kolleritsch heißt: „Delphin und Schwalbe verschmelzen im Auge".

Der Preisträger des Jahres 1991 kam mit dem Motorrad aus Savoyen ins Piemont: der Engländer John Berger, Kunstschriftsteller, Romancier, mitleidender Chronist des Lebens der Bauern und der Ausgegrenzten – und begnadeter Vortragskünstler. Den Übersetzerpreis bekam die vielsprachige Autorin Ilma Rakusa zugesprochen für ihre Arbeit an den Texten Marina Zwetajewas, und der Born-Preis ging an Ulrich Zieger, einen Dichter aus dem Umkreis des Prenzlauer Berges, der in Montpellier lebte. Es war ein Fest auch im Namen Cesare Paveses, der die Hügel des Piemont durchstreift und besungen hatte: „Nachts versinken die weiten Felder / in einem lastenden Schatten, der die Reben verschwinden läßt / und die Pflanzen: Nur die Hand findet die Trauben."

1992 trafen wir uns in Modena: Michael Hamburger, in Berlin geboren, als Junge mit den Eltern nach England emigriert und in der englischen Sprache zum Dichter und Übersetzer deutscher Poesie geworden, wurde der Preis zugesprochen. Peter Hamm hielt die Laudatio auf diesen Einzelgänger, dessen deutsche Übersetzungen von Peter Waterhouse vorgetragen wurden: „Ich fang wieder an, sag: / Berg. See. Licht. / Erde. Wasser. Luft. / Du. Mehr nicht ..." Michael Hamburgers reiches Werk, gleichermaßen Wordsworth wie Hölderlin verpflichtet, wird seither auch in Deutschland mit größerer Aufmerksamkeit gelesen.

Im Juni 1993 fand das Fest bei Perugia statt. Der tschuwaschische, in russischer Sprache schreibende Dichter Gennadij Ajgi, vorgestellt von Felix Philipp Ingold, kam mit seiner Frau aus Moskau angereist – ein freundlicher Magier, von der mütterlichen Seite von einem schamanischen Priestergeschlecht abstammend und von Pasternak als russischer Dichter begrüßt, der seine atmenden Wort-Schöpfungen ausstreute: „Ich erhebe mich; / so baut man / im Gehn / eine Kirche."
Der Born-Preis wurde Durs Grünbein für seine ersten, ernsten Gedichtbände verliehen, den Übersetzer-Preis erhielt Hanns Grössel, der uns – als work-in-progress – schon viele Male seine Übertragungen von Tomas Tranströmer und Inger Christensen vorgelesen hatte; und beide Dichter waren zu unserer großen Freude anwesend.

Nach all den Wanderungen auf Petrarcas Spuren durch Frankreich und Italien erreichten wir im Juni 1994 zum ersten Mal eine deutsche Stadt: Weimar. Das Wetter war uns gnädig, so daß wir unsere Lesungen im Garten der Orangerie abhalten konnten. Peter Handke hielt eine große Rede auf den Kunstschriftsteller Helmut Färber, der den Petrarca-Preis erhielt: „Mit Helmut Färber ehren wir jemand ganz Seltenen: einen Lehrer, einen Forscher, einen Erstbesteiger, einen Kritiker, welcher zugleich, wie nur je ein großer Dichter, ein universaler Mensch, einer von allen ist.“ Peter Hamm lobte die Born-Preisträgerin Barbara Honigmann, die in ihrer Jugend einige Jahre in Weimar gelebt hatte, und Elisabeth Edl und Wolfgang Matz wurden für ihre Übersetzung der Schriften von Simone Weil geehrt – sie bedankten sich, ganz im Sinne der Verklammerung unserer kleinen Bruderschaft, mit Übersetzungen von französischen Gedichten.

Und dann wurde, im Juni 1995, wieder in Sichtweite unseres Hausberges, des Mont Ventoux, das letzte Fest gefeiert. Der Dichter Les Murray, unser Preisträger, Sohn eines australischen Farmers, der immer noch in seinem Heimatdorf lebte, hatte die weiteste Anreise. In einem hallenden, erleuchteten Gewölbe der Ruine Mont Major las dieser zarte Riese seine christlich inspirierten Gedichte. Lars Gustafsson lobte Verena Reichel, seine Übersetzerin, und Peter Handke den Träger des Born-Preises, Arnold Stadler. Am Samstagnachmittag fanden die letzten Lesungen und Vorträge statt: Philippe Jaccottet, Michael Hamburger, Hermann Lenz, Paul Wühr, Alfred Kolleritsch, Tomas Tranströmer, Gustav Januš, John Berger, Ilma Rakusa, Urs Widmer ...

Caroline Neubaur und Lea Ritter-Santini hielten die Abschiedsreden bei unserem letzten Festessen, dann wurde die allerletzte von vielen Weinflaschen geleert. Die Geschichte unseres Preises war beendet.

Am Tag darauf fuhren wir wieder nach Hause. Nach Paris und nach Melbourne, nach Kopenhagen, Stockholm, Austin und München. Zwanzig Jahre lang waren wir einmal im Jahr unterwegs gewesen, um im Namen Petrarcas Dichter zu loben und Dichtern zuzuhören. Zwanzig Jahre lang hat uns Hubert Burda mit Zustimmung, Gelassenheit und Inspiration (und Geld) dieses Fest ermöglicht – er war der heiterste und großzügigste Gastgeber, der sich denken läßt. „Hubert – so Lea Ritter-Santini – hat uns eine extensio animi, eine Ausdehnung des Geistes in der Zeit von zwanzig Jahren geschenkt, in einem Raum, in dem das Nachdenken über die humanistische Tradition humane Gegenwart und gleichsam Hoffnung auf humane Zukunft bedeutete.“ Wir möchten ihm auch in diesem Buch noch einmal von Herzen danken.

Die Fotografin Isolde Ohlbaum, unsere Freundin und die Autorin dieses Buches, war von Anfang an dabeigewesen. Sie hat den ersten, noch jugendlichen Aufstieg auf den Ventoux fotografiert, und sie hat, nach zwanzig Jahren, die erschöpften Dichter beim letzen Abstieg festgehalten. Sie ist die wahre Chronistin des in der Geschichte der Literaturpreise einzigartigen Petrarca-Preises.

Michael Krüger

Melusine Huss,
Maleen Brinkmann,
Michael Krüger,
Regina Poly, Peter Laemmle,
Hanns Grössel

Maleen Brinkmann,
Michael Krüger, Peter Laemmle,
Regina Poly

Peter Handke,
Nicolas Born

1975 MONT VENTOUX – *Rolf Dieter Brinkmann*

Nicolas Born hält seine Laudatio auf Rolf Dieter Brinkmann

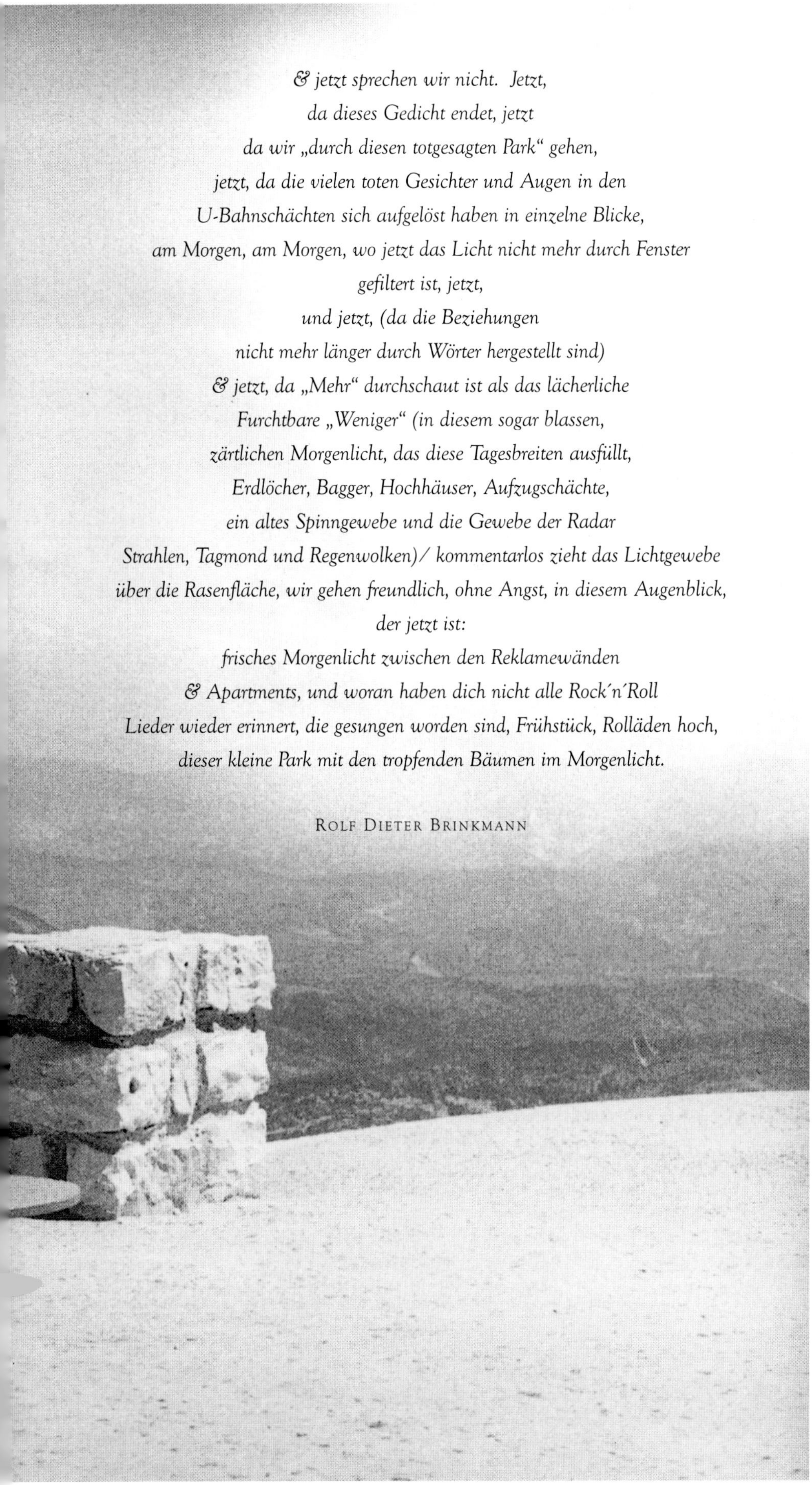

& jetzt sprechen wir nicht. Jetzt,
da dieses Gedicht endet, jetzt
da wir „durch diesen totgesagten Park“ gehen,
jetzt, da die vielen toten Gesichter und Augen in den
U-Bahnschächten sich aufgelöst haben in einzelne Blicke,
am Morgen, am Morgen, wo jetzt das Licht nicht mehr durch Fenster
gefiltert ist, jetzt,
und jetzt, (da die Beziehungen
nicht mehr länger durch Wörter hergestellt sind)
& jetzt, da „Mehr“ durchschaut ist als das lächerliche
Furchtbare „Weniger“ (in diesem sogar blassen,
zärtlichen Morgenlicht, das diese Tagesbreiten ausfüllt,
Erdlöcher, Bagger, Hochhäuser, Aufzugschächte,
ein altes Spinngewebe und die Gewebe der Radar
Strahlen, Tagmond und Regenwolken)/ kommentarlos zieht das Lichtgewebe
über die Rasenfläche, wir gehen freundlich, ohne Angst, in diesem Augenblick,
der jetzt ist:
frisches Morgenlicht zwischen den Reklamewänden
& Apartments, und woran haben dich nicht alle Rock'n'Roll
Lieder wieder erinnert, die gesungen worden sind, Frühstück, Rolläden hoch,
dieser kleine Park mit den tropfenden Bäumen im Morgenlicht.

Rolf Dieter Brinkmann

*Bazon Brock
und Michael Krüger
mit den Porträts
von Francesco Petrarca
und Rolf Dieter Brinkmann
auf dem Mont Ventoux*

...ich bin nach allen diesen einsamen Gängen durch die Realität und der Widerspiegelung der Realität durch Sprache im Bewußtsein ganz einfach und richtig naiv geworden.

Rolf Dieter Brinkmann

Nicolas Born, Peter Handke

Zwar hat er sich die letzten Jahre dem Markt in einer wütenden Isolationshaltung verweigert, aber aufgehört zu schreiben hat er nie. Jeden Tag eine Fülle von Zetteln, klein und eng beschrieben mit seinen Erfahrungen und Imaginationen. In Notizbüchern, Zettelkästen und Heftern hat er den Rohstoff für noch einige unerhörte Bücher, von denen jedes, so verstand er sich, eine Attacke auf die Gesellschaft werden sollte, eine schmerzhafte Körpererfahrung, so verstand er die Sprache, für seine Leser. Er hatte soviel Energie für diesen radikalen Weg, daß da, wo er aufgehört hat, so schnell keiner weitermachen wird...

Dieses prinzipiell rebellisch Geschriebene paßt nicht einmal in eins der beliebten Antimuster. Alle Sätze sehen darüber deplaziert aus, wie hoffnungslose Versuche einer Annäherung. Rolf Dieter Brinkmann ist ein Schriftsteller geblieben, das hat er nicht verhindern können. Ihm etwas Versöhnliches nachzurufen, wäre jämmerlich, da er aufgehört hat, sich zu wehren.

Nicolas Born über Rolf Dieter Brinkmann

„Ein Ich, das querliegt zur Welt."

„friedlich", „zärtlich" – bei ihm keine vorgefaßte, keine Gratis-Menschenfreundlichkeit: sondern Spannung zwischen dem realen Hass und der realen Sehnsucht, freundlich sein zu können – so werden seine Gedichte Vorgänge, sind keine Lebensformen mehr, nur noch Lebensmomente, im Gedicht für die Zeit des Gedichts erweitert…

Peter Handke über Rolf Dieter Brinkmann

1976 PADUA –

Sarah Kirsch/Ernst Meister

*Nicolas Born,
Urs Widmer, Hubert Burda,
Bazon Brock,
Michael Krüger, Peter Handke,
sitzend Sarah Kirsch
und Ernst Meister*

Oder die Fahnen am

Im Garten
des Petrarca-Hauses
in Arquà Petrarca

Kompasse in
dessen Handl
, die ich im
Café Florian
spielte drei

Petrarcas Haus

einen Sch
den Dreh
Venedig.

Ernst Meister,
Bazon Brock

Oder die Fahnen am Markusplatz; Masten wie Schornsteine.
Ich war Komparse in einem fortlaufenden Film,
dessen Handlung mir niemand erklärte.
Es zogen, die ich im Lauf meines Lebens sah,
am Café Florian vorbei und die Kapelle
spielte dreimal die ganze Fair Lady.
Mein Kind, das als Geisel in Berlin-Mitte geblieben war,
ging in seiner grünen verblichenen Hose über den Platz
und fütterte Tauben.
Die Körner waren teurer geworden,
aber wir hatten einen Scheck in der Tasche
und kauften den schrecklichsten Kronleuchter
von Venedig.

Sarah Kirsch

Ewigkeit –
fast als Gegenstand
erscheint sie
schlechtem Begreifen.

Sie ist aber
nie, niemals endendes
Fließen und Fliehn
DENK ES GENAU.

Ob die Zeit
sich verzehre als Zeit,
der Leichnam
fragt es nicht.

Ernst Meister

Sarah Kirschs Gedichte sind, trotz oder wegen ihrer öffentlichen Rolle, zerbrechlich und geheim. Sätze über sie können sie verletzen. Es ist aber nicht etwa schwierig, über Sarah Kirschs Gedichte zu sprechen, weil sie immer etwas mit ihren – und dann auch mit unseren – Gefühlen zu tun haben. Über Gefühle kann ich sprechen, auch öffentlich. Eher meine ich, daß Sarah Kirsch in ihren Gedichten eine nicht leicht beschreibbare Gratwanderung geht: einesteils sucht sie in sich ständig nach Worten für etwas, was auch für sie selber grad eben noch wortlos gewesen ist (und sie stößt dabei natürlich auf die Begriffe, die reibungslos im allgemeinen Verständnis aufgehen). Andrerseits hält sie sich fast wie ein Medium, offen für die Sehnsüchte und Ängste der Menschen, mit denen sie lebt. Eine Art Sprachrohr der verschütteten oder vielleicht nicht erlaubten Gefühle ihrer Gesellschaft. Jedes Gedicht kommt mir wie ein von mir nicht aufzuschlüssendes Gemisch aus sehr Öffentlichem und sehr Geheimem vor. Ein Geständnis großer Einsamkeit und eine Hoffnung, mit allen Menschen gemeinsam sein zu können...

„Ich hoffe", sagt Sarah Kirsch zu ihren „Zaubersprüchen", „daß Hexen, gäbe es sie, diese Gedichte als Fachliteratur nutzen könnten." Sarah Kirsch ist auch eine Hexe: Hexen reiten auf ihrem Besen lachend über soziale und innere Schranken hinweg, mit hohem Risiko. Sie sind verbrannt worden, weil sie die Freiheit liebten. Vielleicht ist auch Sarah Kirsch, vielleicht sind auch wir nicht sicher, daß es nicht wieder eine Zeit geben könnte, in der ihr und uns so etwas zustoßen könnte...

Sarah Kirschs Gedichte sprechen alle von Freiheit. Sie hat einen heftigen, unideologischen Freiheitsbegriff, der sich gewiß auch an den Grenzen der eigenen Psyche und Physis reibt. Aber es ist wichtig, daß irgendwer heftige Freiheitssehnsüchte ausspricht und aufbewahrt. Die Erinnerung an schon einmal Errungenes oder in Zukunft Mögliches geht so schnell verloren...

Urs Widmer über Sarah Kirsch

Die Fresken des Altichiero in San Giorgio, Padua

So gut Fragen sein mögen wie „was machst du heute abend?", so gut sind auch andere Fragen, wie Ernst Meister sie in seinen Gedichten stellt. Und so gut sind auch die Schrecken, die einem seine Bilder einjagen, denn in diesen Schrecken erfährt man, daß man verloren, aber nicht allein ist, daß es zwischen uns eine Verständigung geben kann, die das Wie und das Warum unserer Anwesenheit auf der Erde betrifft, obgleich nicht löst, die ich wirklich einmal „menschlich" nennen möchte und mit der verglichen der Verständigungswahn in unserer Öffentlichkeit ein tautologischer Hohn ist, nämlich nichts weiter als Einverständnis und Übereinkunft mit dem Sosein der Welt...

Hier, in den Gedichten Ernst Meisters, wird nämlich der Gedanke lebendig; er betrifft uns, weil er zu einem Gefühl wird und tatsächlich vom Körper erfahren werden kann. Ein Gedicht ist geschrieben und ist fortan da, so sehr, wie es vorher nicht da war, und es behauptet sich gegen ein Alles und ein Nichts. Und wenn es vom Tod ahnt und weiß und erzählt, dann vom Tod bei lebendigem Leib, vom Tod, meine ich, wie er – unsere äußerste Fähigkeit – lebendig antizipiert werden kann.
Warum und wozu etwas da ist und weitergeht, irgendwann wird man solcher Fragen überdrüssig. Von der Realität wird nicht gefordert, daß sie sich erklärt, aber von der Erklärung der Welt, der poetischen Erklärung wird gefordert, daß sie sich erklärt...

Nicolas Born über Ernst Meister

1977 TUSCULUM bei Rom –

Herbert Achternbusch

Nachdem Herbert Achternbusch den Preis zunächst angenommen hatte, gab er ihn noch während der Feier in Tusculum wieder zurück.

Im Teatro Romano in Tusculum

Ich bin zuweilen damit beschäftigt, mir in meinem Kopf drin etwas Schönes vorzustellen, Bäume oder Ozeane oder Luft oder Liebe, weil es da, wo ich wohne, irgendwie nicht immer schön ist, zuwenig Bäume und Ozeane und Luft und Liebe. Das, was ich mir vorstelle, schreibe ich zuweilen auf, und gleichzeitig kommt es mir so vor, als bekäme ich die sogenannte Wirklichkeit auf diese Weise auch besser in mein Gesichtsfeld, weil sich das Erwünschte fühlbar an ihr reibt. Literatur scheint für mich unter anderem eine Art verzögerter Anpassungsprozeß zu sein, ein Rückzugsgefecht mit Drohgesten: Ich will mir, rückwärtsgehend, der zähnefletschenden Wirklichkeit ins Gesicht schauend und ihr die Faust entgegenschüttelnd, nicht gleich alle Waffen aus der Hand schlagen lassen. Sie soll sie mir doch wegnehmen. Manchmal werfe ich ihr etwas von dem mir erfundenen Schönen hin, das frißt sie dann und hört für einige Minuten auf zu knurren. Schreiben verändert die Welt mindestens insofern als es dann Geschriebenes gibt, das es vorher nicht gab. Das ist wenig, aber es ist etwas.

Leider aber spüre ich gleichzeitig immer deutlicher, daß ich, wenn die Welt um mich herum ständig nur unschön ist, meine Reserven aufbrauche. Eines Tages wird alle Kraft verbraucht sein. Sowieso wird es dazu kommen, aber in der Zwischenzeit könnte ja hin und wieder etwas wirklich schön sein. Zuweilen darf das Schöne nicht nur in unsern Köpfen und in unsern Wörtern enthalten sein, es muß zuweilen wirklich sein...

Ernst Meister im Garten der Villa Aldobrandini

Das, was wir hier tun, kann als eine Flucht interpretiert werden, von mir aus. Wir stehen hier oben im Mittelmeerwind, weil wir Erinnerungen in uns wachrufen wollen, beinahe schon verschüttete, solche jedenfalls, die im Rhein-Main-Gebiet nicht so leicht in uns aufsteigen würden. Abgesehen davon, daß ich jedermann, auch mir, das Recht zubillige, hin und wieder dem Druck der Wirklichkeit auszuweichen, könnte aus unserer Flucht nach hinten auch ein Angriff nach vorn werden. Ich spüre immer deutlicher, wie ich die Rückkoppelung an eine Tradition brauche...

Das Handeln der Schriftsteller ist zuerst einmal ihr Schreiben, ich sage das deshalb, weil die Schriftsteller selber das oft nicht recht glauben. Für sie ist ein Buch selten ein Ziel, sondern fast immer der Ersatz für ein anderes Ziel. Handeln inklusive Schreiben reißt uns vielleicht aus der kollektiven Wehleidigkeit, in die uns irgend jemand hineinsteuern zu wollen scheint...

Urs Widmer

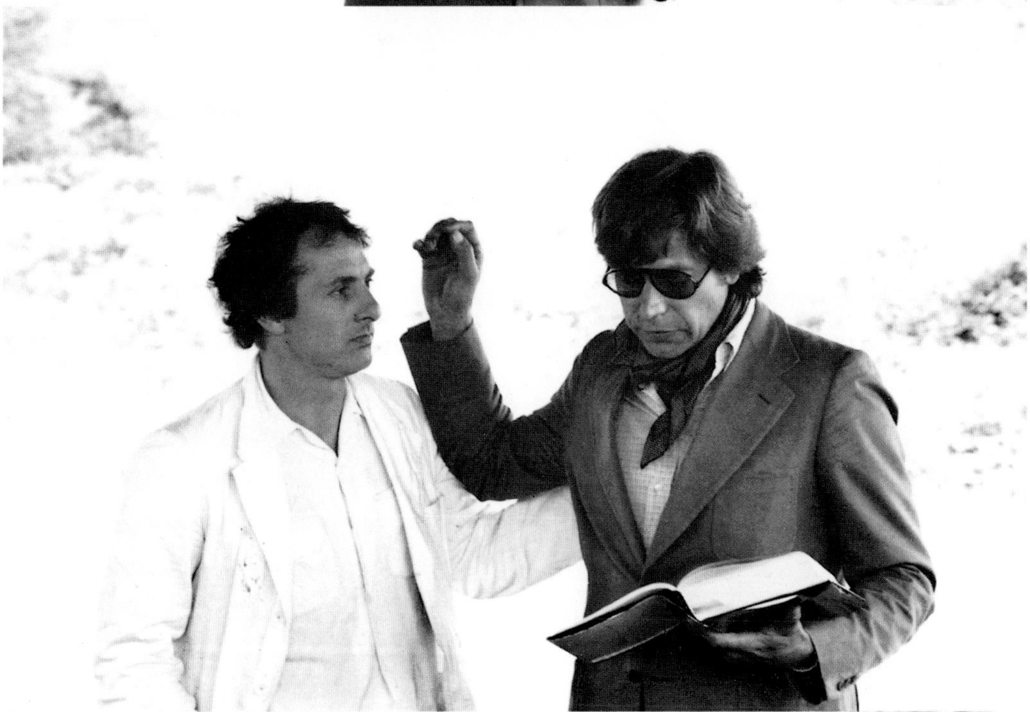

Herbert Achternbusch,
Bazon Brock

Er ist intelligenter als „wir“ – und erniedrigt diese durchdringende (seine durchschauende) Intelligenz zu schön schnellen Sätzen, die sogleich mauern: sich rasch als bloße Haltung aufrichten – und solch eine Haltung, sage jetzt ich, ist beim Lesen kein Abenteuer – wenn sie auch („anarchistische Schreibweise“) gerade Abenteuerliches suggeriert. Der Autor zu oft als sein eigener Kumpan (bei Schnaps, Bier und Bayern): das ist natürlich wieder schlau, aber auch ein Verrat...

...Als jemand, der schreibt, beneide ich ihn oft: für die Sätze im Schwarzen, aus dem Stand geschossen. Als Leser gebe ich ihm manchmal verdrossen, in einem Aufblicken woandershin (auch nur in Bäume, auf eine Straße) gesammelter weiterlesend, unrecht: Und es handelt sich hier um Recht und Unrecht. Also habe ich vielleicht unrecht.

PETER HANDKE ÜBER HERBERT ACHTERNBUSCH

Peter Handke

Herbert Achternbusch

Ernst Brücher,
Bazon Brock

Fritz Schwegler
im Garten der Villa
Aldobrandini

Ursula Krechel

Karla Fohrbeck,
Urs Widmer, Michael Krüger,
Christoph Derschau,
Fritz Schwegler

Paul Wühr,
Jörg Drews

Eine Fo

Alfred Kolleritsch während der Preisverleihung in der Sala Degli Arazzi im Palazzo Publico in Siena

dann

dann

oder

„Nun

1978 SIENA – *Alfred Kolleritsch*

Wenn man schreibt,
gehen die Türen nicht zu,
eine Frage klebt an der anderen,
eine Befürchtung
stülpt sich aus der nächsten.

So dringt die Harmonie ein,
wie Eis, das durch Stahl wächst,
und man spürt das warme Rieseln
ringsum.

Dann schmerzen die Augen,
dann zerbricht man das Liebste,
dann ist die Güte ein Würgegriff,
dann schreibt man ins Leere
oder sagt:
„Nur bis an den Rand eines Herzens“

Man sagt es Dir,
vor der man nur eine Hand hat,
sich zu verbergen.

ALFRED KOLLERITSCH

Alfred Kolleritsch,
Sarah Kirsch, Alfred Wolken

Peter Handke

Es wird schwierig sein, lieber Alfred K., sich Dir, wie Du es verdient hast, zu eröffnen, über die Kundgebung reiner Freude hinaus, daß Du das Gewaltige geschafft hast, im Verlaufe Deines Unterwegsseins mit den Gedichten, Sätze schreibend Dinge zu sagen. Erst den Atem beraubend, dann ihn ändernd, dann vertiefend, ist in Deinem Buch der Prozeß von der schamhaft tändelnden Schriftstellerhaltung unseres ausgehenden Jahrhunderts zurück (und voraus) zum schamlosen Ernst des archaischen Zungenredners; „klösterlich“, „mönchisch“ nannte jemand, in einem einleuchtenden Paradox, Deine mit Feuerzungen redenden Liebespoeme: im Zustand der Liebe als einer Gnade: Daß du da bist, / daß ich da bin, und die glühende, / schmelzende Grenze zwischen uns...

Peter Handke über Alfred Kolleritsch

Nicolas Born,
Urs Widmer, Ernst Meister

Volker Hage, Urs Widmer, Jeanette Stickler

Michael Krüger,
Bazon Brock

Michael Krüger, Jürgen Becker, Oskar Pastior, Nicolas Born, Peter Handke, Sarah Kirsch

Im Garten der Certosa di Maggiano in Siena

Das Bedeutende an Deiner Poesie ist, daß sie, alle Schutzsysteme wegdenkend und wegsprechend, mich zwingend fragt: Wer bist Du, der das liest? Und: Wie konntest Du Dich vergessen? (Das ist ihre, so erwachsene wie kindliche Philosophie...) – Und gibst mir dann höchst selbst diese erlösende Antwort: „Feldein kommen Namen für dich. / Wunderbar schwer zu überzeugen, / stehle ich mich in Sätzen zusammen, / in ihnen öffnest Du Deine Augen."

Das ist es: Auch der Lesende wird das Geliebte dieser Geschichte...

Peter Handke über Alfred Kolleritsch

Pan Cogito a ruch myśli

Myśli chodzą po głowie
mówi wyrażenie potoczne

wyrażenie potoczne
przecenia ruch myśli

większość z nich
stoi nieruchomo
pośrodku nudnego krajobrazu
szarych pagórków
wyschłych drzew

czasem dochodzą
do rwącej rzeki cudzych myśli
stoją na brzegu
na jednej nodze
jak głodne czaple

ze smutkiem
wspominają wyschłe źródła

kręcą się w kółko
w poszukiwaniu ziaren

nie chodzą
bo nie dojdą
nie chodzą
bo nie ma dokąd

siedzą na kamieniu
załamują ręce

pod chmurnym
niskim
niebem
czaszki

Herr Cogito und der Gedankenverkehr

Gedanken gehn durch den Kopf
meint eine Redensart

die Redensart überschätzt
den Gedankenverkehr

die meisten
stehn reglos
mitten der öden Landschaft
der grauen Hügel
und dürren Bäume

manchmal erreichen sie noch
den reißenden Fluß der fremden Gedanken
bleiben am Ufer stehen
auf einem Bein
wie hungrige Reiher

erinnern sich traurig
an die versiegten Quellen

drehn sich im Kreise
suchen nach Körnern

sie gehn nicht
denn sie kommen nicht an

sie gehn nicht
denn sie wüßten nicht wohin

sie sitzen am Stein
ringen die Hände

unter dem tiefen
bewölkten
Himmel
des Schädels

Zbigniew Herbert

Zbigniew Herbert und sein Übersetzer Karl Dedecius während der Preisverleihung in der Loggia Fra' Giocondo in Verona

1979 VERONA – *Zbigniew Herbert*

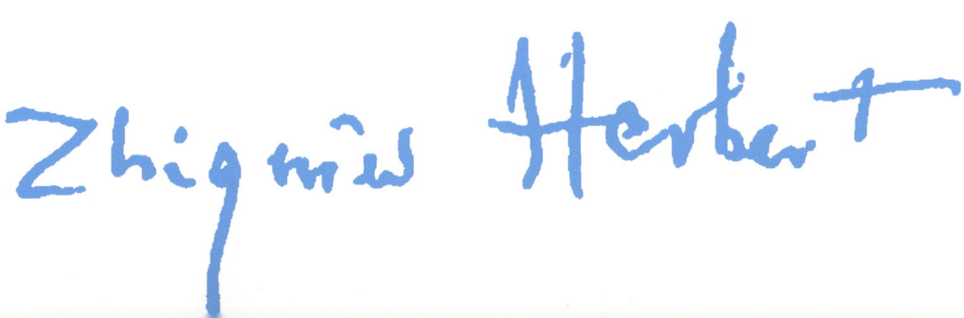

Nicolas Born, Michael Krüger, Urs Widmer, Hubert Burda, Bazon Brock, Peter Handke, Lars Gustafsson, liegend Zbigniew Herbert

Wolfgang Werth,
Zbigniew Herbert

Hans Jürgen Fröhlich,
Horst Bienek,
Peter und Eva Rühmkorf

Reinhard Baumgart,
Hanns Grössel

Wolfgang Liebenwein, Bazon Brock vor San Zeno in Verona

Wenn ich schon einige Verdienste habe, dann nicht wegen meiner Leistungen, sondern wegen meiner Bestrebungen – meinem Versuch –, einen Dialog mit der Vergangenheit zu führen. Und dazu braucht man Tugend – Demut. Sie stellt heute den Versuch dar, eine größere Ordnung zu bilden, sich selbst mit alten Schriftstellern vergangener Zeiten zu messen. Ein wahrhaft schmerzlicher Prozeß.

Zbigniew Herbert

Blitze, die aus Gedichten schlagen und, sei es auch nur für einen Moment, die eigene Situation beleuchten, sind bei unseren inneren klimatischen Verhältnissen kaum zu beobachten. Ich fürchte, die Ursache der Wirkung von vielen Gedichten heute liegt in der Auflösung der poetischen Sprache und Imagination in eine poetisierende Rhetorik, in der es, zwar noch nicht festgelegt, Regeln gibt, die ihren Effekt bestimmen. Wer sich die Mühe macht, Gedichte nicht nur zu hören, sondern auch zu lesen – und die Jury des Petrarca-Preises kann ein langes,

Lesung Lars Gustafsson im Garten des Palazzo Te in Mantua

trauriges Lied davon singen –, der wird leicht feststellen, durch welche Regeln sich diese Rhetorik definiert und wie sie die sonderbare Einmütigkeit zwischen Autor und Zuhörern herstellt. Mit anderen Worten: es gibt eine Sehnsucht, aber diese Sehnsucht darf uns nicht glauben machen, wir seien sensibler geworden, sondern: Die immer stumpfer werdende Sensibilität gegenüber unseren Empfindungen und Wahrnehmungen, unseren Ideen und Beobachtungen ist auf eine Ebene hinabgesunken, wo der Grad der Intensität keine besondere Rolle mehr spielt. Ein schönes großes Haus mit vielen Stockwerken und geheimen Zimmern, mit langen Fluren und matten Spiegeln, aber keine Treppe, keine Leiter, nicht einmal ein Lift. Im Parterre haben sich viele Menschen versammelt, die einem Dichter zuhören, aber keiner kommt auf die Idee, eine Treppe zu bauen. Das Haus zerfällt. In der Dumpfheit und Enge genügen wenige Worte und rhetorische Wendungen für den Beweis, daß man noch am Leben ist. Ja, gewiß, wir leben noch...

Michael Krüger über Zbigniew Herbert

Fritz Arnold, Christina Goehner, Karla Fohrbeck, Michael Krüger, Fritz Schwegler, Lars und Madeleine Gustafsson mit Tochter

Auch das „radikale Subjekt" Petrarca hat uns ja gezeigt, daß Kunst und Kultur Mittel sind, an der öffentlichen Macht teilzuhaben, sich in die Gestaltung und Interpretation der Welt, der Weltbilder einzuschalten. Petrarca hat dies als politisch sehr bewußter Mensch getan, er hat die Lyrik nicht als private Tätigkeit begriffen, sondern als ein Ausdrucksmittel in der Auseinandersetzung um die Verbindlichkeit dieser Welt. Es gibt auch bei ihm sehr auffällige Widersprüche zwischen seinen verschiedenen künstlerischen, politischen und privaten Tätigkeiten.

Giorgio Gioco, Hubert Burda, Hanns Grössel im Restaurant „Duodeci Apostoli" in Verona

Er spezialisiert sich aber nicht auf die eine oder andere, er entzieht sich auch nicht dem öffentlich-privaten Konflikt. Dadurch bleibt er für uns ambivalent ein radikales Subjekt und wird nicht zur bequemen Identifikationsfigur eines poetischen Heros nach dem Muster „Vom-Tellerwäscher-zum-Millionär" bzw, „Vom-Bücherwurm-zum-Lorbeerkönig".

KARLA FOHRBECK

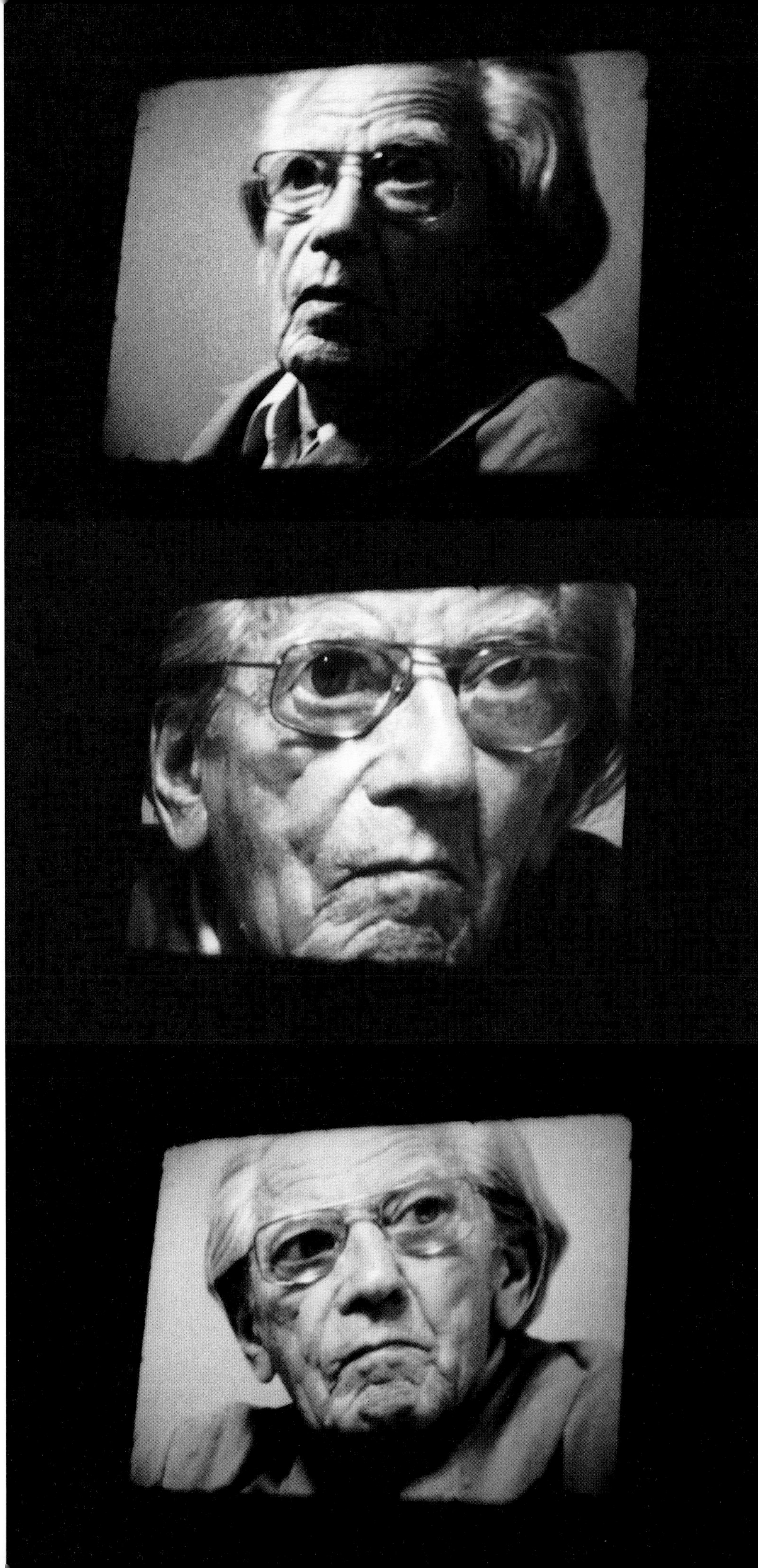

1980 FLORENZ – *Ludwig Hohl*

Es gibt keine Gestaltung!

Die Gefahr aller Gefahren sehe ich für den Schreibenden in dem Willen zur Gestaltung, genauer, in der Achtung, die er hat vor der sogenannten Gestaltung der Vergangenheit, denn „Gestaltung“ ist eben etwas, das nur in der Vergangenheit ist, nur durch Distanz existiert, wie die Wolken (in der Nähe sind sie freilich auch etwas, aber nicht Wolken): wehe, wenn man nun diese Täuschung, die Änderung durch Distanzierung, nicht in Betracht zieht! „Wie die Binsen reden“, so, wie dieses Reden wirklich wäre, genügt vollkommen: fast alles aber, was sich dafür ausgibt, ist nicht das, sondern Plagiat. Etwas sehen und sagen. Etwas sehen und sagen ist alles, ist selten, ist schwer.

„Eine gewöhnliche Wahrheit aussprechen“: ist das „wie die Binsen“? Es hat nie einer mehr getan. Von Millionen und Millionen Fällen, die dafür gelten, sind alle Plagiat. Die geänderte Form – das, was sich, sobald Distanz eintritt, als „Gestaltung“ erweist, – ist immer von selber da.

„Gestalten“, das wäre Summieren; Kunst entsteht aber durch Zerteilen.

Ein Mann hatte ein Buch geschrieben – einen Roman. Über diesen Roman hatte ein anderer wieder ein Buch geschrieben, eine „kritisch aufbauende Zusammenfassung“; und wieder über dieses Buch schrieb einer ein Buch; und endlich schrieb einer ein Buch über diese letztgenannte Arbeit und das Arbeiten des Kritikers. Da lachten einige laut auf.

– Und das vierte Buch war das beste.

Es allein war ein gutes Buch und hatte mehr Wert als die drei in der Reihe vorhergehenden zusammen. Diejenigen, die gelacht haben, haben das Wesen des Schreibens nicht begriffen. Sie verwechseln Schreiben mit dem Journalismus, bei welchem es auf den Stoff ankommt.

LUDWIG HOHL

Im Garten des Hotels „Villa Le Rondini"

Nein, Ludwig Hohl ist kein misanthropischer Einzelgänger oder Eigenbrötler „in einem Kellerloch" (das stimmt alles nicht), sondern ein heiterer, auch verschmitzter Geist auf einer hohen, hellen Etage, der für uns zuständig ist; dem ich hier und da widerspreche, aber dem ich aufs Wort glauben kann; und der mich, seinen Leser, in dem tonlosen Gescharre, das (wohl seit jeher) als Literatur umläuft, als Geist und als Stimme erschüttert hat. – Denn nichts ist erschütternder als einer, der zum Geist durchgedrungen ist, ihn in der Arbeit hervorkehrt und als Form an uns weitergibt...

Der Petrarca-Preis ist ein Zeichen der Dankbarkeit für einen, den Nicolas Born „das erstaunliche Beispiel eines Schriftstellerlebens" genannt hat, einen „Zuchtmeister der Selbstverwirklichung", der uns zeige, „wie viele Dinge

Ernst Brücher, Fritz Schwegler, Lars Gustafsson, Oskar Pastior, Michael Krüger, Hanns Grössel, Alexander J. Seiler

es immer noch gibt, wie viele Gestalten und Verwandlungen, und wie oft ein bewußter, aufmerksamer Körper noch auf Widerstand trifft, wenn andere schon im Leeren gehen"; der einem beibringe, sich zu „beweisen", seinen „genauesten Ausdruck zu finden..., und im genauesten Sinne Eindruck zu machen auf die Welt". Nicolas Born ist zu glauben: Ludwig Hohls Werk, wie heutzutage kaum noch eines, läßt sich, ohne Voraussetzung oder Übereinkunft, nehmen und lesen. Es ist so unerhört wie selbstverständlich. Es muß nicht entdeckt, empfohlen oder durch Interpretieren nahegebracht werden, sondern steht frei zur Lektüre, wie eine in die Natur gehörende und diese erst beseelende Menschenschrift. – Und indem es Satz für Satz zur Freude hinführt, ist es das, was der Philosoph als das Gute versteht.

Peter Handke über Ludwig Hohl

In der Pazzi-Kapelle in Florenz

Wolfgang Ebert, Hanna Johansen, Alexander J. Seiler, Adolf Muschg, Ernst Brücher in der Medici-Ausstellung

Michael Krüger, Urs Widmer – Lesung für Ludwig Hohl im Palazzo Davanzati in Florenz

Das Wesen der Kunst ist gar nicht die Darstellung, wie man immer meint, sondern (um mich vorläufig auszudrücken): das Hervorbringen (vorhandener, also das ans Licht, ins Bewußtsein bringen) innerer Spannungswinkel.

LUDWIG HOHL

Ingrid Born, Susanne Seul, Inge Poppe, Paul Wühr, Fritz Arnold, Melusine Huss

Lars Gustafsson

Nicolaus Sombart,
Gregor von Rezzori

AIR MAIL

På jakt efter en brevlåda
bar jag brevet genom stan.
I storskogen av sten och betong
fladdrade denna vilsna fjäril.

Frimärket flygande matta.
Adressens raglande bokstäver.
plus min förseglade sanning
som flyger just nu över havet.

Atlantens krypande silver.
Molnbankarna. Fiskebåten
som en utspottad olivkärna.
Och kölvattnets bleka ärr.

Mitt arbete går så sakta.
Jag sneglar inte på klockan.
Trädskuggorna är svarta siffror
i den giriga tystnaden.

Och sanningen finns på marken
där ingen vågar ta den.
Sanningen ligger på gatan.
Ingen gör den till sin.

AIR MAIL

Auf der Jagd nach einem Briefkasten
trug ich den Brief durch die Stadt.
Im großen Wald aus Stein und Beton
flatterte dieser verirrte Schmetterling.

Der fliegende Teppich der Briefmarke,
die torkelnden Buchstaben der Anschrift,
dazu meine versiegelte Wahrheit,
eben jetzt übers Meer schwebend.

Das kriechende Silber des Atlantiks,
Die Wolkenbänke. Das Fischerboot
wie ein ausgespuckter Olivenkern.
Und die bleiche Narbe des Kielwassers.

Hier unten geht die Arbeit langsam.
Ich schiele oft nach der Uhr.
Die Baumschatten sind schwarze Zahlen
in der gierigen Stille.

Die Wahrheit ist da: auf dem Boden,
doch aufheben mag sie niemand.
Die Wahrheit liegt auf der Straße.
Zu seiner macht sie niemand.

TOMAS TRANSTRÖMER

Tomas Tranströmer

Peter Hamm, Rolf Haufs

Zwei Wahrheiten nähern sich einander.
Eine kommt von innen, eine kommt von außen,
und wo sie sich treffen,
hat man eine Chance, sich selbst zu sehen.
Wer merkt, was gerade geschieht,
ruft verzweifelt: Stehenbleiben!
Egal, was passiert –
wenn ich nur mich selbst nicht erkennen muß.

Tomas Tranströmer

Es wurde plötzlich dunkel
wie bei einem Platzregen.
Ich stand in meinem Zimmer,
das alle Augenblicke enthielt –
ein Schmetterlingsmuseum.

Tomas Tranströmer

Urs Widmer mit Tochter Juliana, Michael Krüger, Felix Burda, Lisa Kreuzer

Lesung im Garten des Hotels „Michelangelo" in Vicenza

Über die Frage, was in unseren Tagen die Petrarcasche Tradition ausmachen kann, läßt sich möglicherweise lange streiten. Ein Teil liegt sicherlich in dem Gedanken, daß auch das gespaltene Gefühl eine Schönheit haben kann. Ein anderer im Festhalten an etwas, einer Möglichkeit, einem Potential, einer Goldfarbe über den Dingen, die einmal der Traum der Renaissance vom vollständigen Menschen war.

In Tomas Tranströmers Dichtung sehen wir den großen Menschheitstraum der Renaissance sozusagen aus entgegengesetzter Richtung: so wie der Abschiednehmende in Rilkes achtzehnter Duineser Elegie in einem bestimmten Sinne immer in seinem Abschied bleiben und für immer in seiner Flucht geschützt sein wird...

Lars Gustafsson über Tomas Tranströmer

Vortrag von Wolfgang Liebenwein vor der Villa La Rotonda bei Vicenza

...ein verlorenes Paradies, spielt in Tranströmers Dichtung der Zustand der Kindheit, nicht so sehr in autobiographischem Sinne, vielmehr als Ursprünglichkeit, Unmittelbarkeit, als eine Unwirklichkeit, an die das Grauen noch nicht gerührt hat. Und mit einiger Berechtigung könnte man vielleicht behaupten, daß fast alles in seiner Dichtung darauf abzielt, diesen Zustand der Ursprünglichkeit wiederherzustellen, der ein Zustand der Unschuld, aber auch einer des Schauens ist...

Villa La Rotonda

Der unerhörte Augenblick als ein Mittel, auch dem Alltag seine verlorene Würde wiederzugeben: diese dichterische Haltung schon sagt uns, daß Tranströmer einer von uns ist. Er hat etwas gemein mit den meisten, die in unserer Zeit leben und noch die Fähigkeit haben, wahrzunehmen. Hier, wo wir uns gerade jetzt befinden, können wir unmöglich bleiben. Tomas Tranströmers Dichtung ist also tief zeitkritisch, aber nicht in der trivialen Form, worin Dichtung Parolen hervorzubringen beginnt. Eher deshalb, weil sie uns mit teilweise geheimnisvollen Techniken die ganze Zeit tröstend sagen will, daß diese Wirklichkeit mit ihren Qualen, ihren Bedrohungen und ihren Unterdrückern nicht die ganze Wirklichkeit sein kann...

LARS GUSTAFSSON ÜBER TOMAS TRANSTRÖMER

Urs Widmer, Hubert Burda,
Tomas Tranströmer, Bazon Brock,
Lars Gustafsson, Michael Krüger,
Peter Handke

Christoph Meckel,
Martin Lüdke

Michael Krüger,
Lars Gustafsson, Hildegard Baumgart,
Fritz Schwegler

Piazza dei Signori in Vicenza

Helm Stierlin, Christoph Meckel

Wolfgang Ebert, Alexandra und Lars Gustafsson, Nicolaus Sombart, Hildegard Baumgart, Michael Krüger

1982 SILS MARIA – *Ilse Aichinger*

Winterantwort

Die Welt ist aus dem Stoff,

der Betrachtung verlangt:

keine Augen mehr,

um die weißen Wiesen zu sehen,

keine Ohren, um im Geäst

das Schwirren der Vögel zu hören.

Großmutter, wo sind deine Lippen hin,

um die Gräser zu schmecken,

und wer riecht uns den Himmel zu Ende,

wessen Wangen reiben sich heute

noch wund an den Mauern im Dorf?

Ist es nicht ein finsterer Wald,

in den wir gerieten?

Nein, Großmutter, er ist nicht finster,

ich weiß es, ich wohnte lang

bei den Kindern am Rande,

und es ist auch kein Wald.

Ilse Aichinger

Ilse Aichinger,
Monika Schoeller

Ilse Aichinger,
Heinz F. Schaffroth,
Caroline Neubaur,
Peter Handke

Rolf Michaelis,
Helmuth Färber

Im Garten von Schloß Salis in Soglio

Beim Lesen der Gedichte von Ilse Aichinger zum Beispiel war das Echo sofort vernehmbar, und zwar vor allem Verständnis, aller analytischen Anstrengungen: ein Klang, ein Bild, eine Formulierung, eine Art des Sprechens, die, vom Leser kaum wiederholt, jene eigentümliche Synchronizität herstellt und das Gefühl erzeugt, man habe das Gedicht im Vorgang des Nachsprechens selber geschrieben. Der Autor, die Autorin, verschwindet, zieht sich gleichsam hinter das Gedicht zurück, und zwar mitsamt ihrer Biographie, ihren Erfahrungen, Gefühlen und Wünschen...

Urs Widmer über Ilse Aichinger

Ilse Aichinger

Weicht das Gedicht nicht mit jedem Schritt, den wir von außen auf es zu tun – und mag es noch so aufrichtig, kritisch, intelligent und in bester Absicht geschehen –, weiter zurück? Anders als bei ungenauen Gedichten, wo es leicht ist, die schwachen Stellen diskursiv zu erörtern, sperrt sich das geglückte Gedicht gegen den besserwisserischen Zugriff gelehrter Anstrengungen. „In Sachen der Kunst", heißt es bei Valéry, „ist Gelehrsamkeit fast etwas wie eine Niederlage. Worauf sie ihr Licht wirft, ist nicht das eigentlich Beglückende. Was sie vertieft, ist nicht das eigentlich Wesentliche. Sie setzt ihre Hypothesen an die Stelle des Gefühls, ihr erstaunliches Gedächtnis an die Stelle der Gegenwärtigkeit des Wunders."...

Michael Krüger über Ilse Aichinger

Ilse Aichinger hat eine Biographie, die sie hätte stumm machen können; sie hat zweifellos viel Kraft darauf verwandt, nicht ganz stumm zu werden. Sie spricht, da sie nun doch spricht und immer einfacher, auch von ihrem eigenen Schmerz (denn auch sie ist kein Chinese, der ganz im Wir aufzugehen imstande ist), aber sie spricht von ihm fast unter der Grenze der Hörbarkeit. Wohl gerade deshalb kann sie so sehr den anderen zugewandt sein, zärtlich und demütig...

Urs Widmer über Ilse Aichinger

Peter Handke,
Urs Widmer, Joachim Kaiser

Peter Handke,
Mazzino Montinari,
Ilse Aichinger,
Monika Schoeller

Lars Gustafsson,
Monica und Tomas Tranströmer,
Peter Handke, Fritz Schwegler

1983 VÉZELAY – *Gerhard Meier*

So geht die Zeit dahin! Und es ist, als würde sie von Winden verweht, über die Meere hin, die sich ihrer bemächtigten, so daß die Brandung eigentlich hörbar gewordene Zeit wäre, von Menschen abgestotterte Zeit, abgestottert auch von Maßliebchen und Schwalben, wobei letztere ebenfalls Meere überqueren, was der Brandung einen Unterton mitzugeben hätte: das Rauschen der Flügel der Schwalben. Kaspar soll sie übrigens gemocht, soll sein Leben in Tage mit und ohne Schwalben eingeteilt haben.

GERHARD MEIER

Im Garten der Basilika „La Madeleine de Vézelay"

Juliana Widmer, Monica und Tomas Tranströmer

Daniel Spoerri, Bazon Brock

Fritz Arnold, Gerhard Meier

In der Basilika „La Madeleine de Vézelay"

Meiers Bücher handeln von kleinen Dingen, wenn die großen, den traditionellen Empfindungskategorien folgend, Schiffsunglücke, Ehebrüche und Eroberungsfeldzüge wären. Gemessen an solchen Erwartungen handeln sie in der Tat von fast nichts. Ja, sogar für den, der an solchen Kategorien keinen Gefallen findet, geschieht irritierend wenig. Meiers Helden sitzen entweder am Fenster und schauen auf einen sehr kleinen Weltausschnitt oder spazieren in einer nicht besonderen Landschaft. Natürlich ist die Trennung in große und kleine Themen ein Scheinproblem, allein schon weil das Kleine der Zwillingsbruder des Großen ist; dennoch bleibt die Frage: wie kommt es, in solcher Konsequenz, zu diesem Beharren auf dem „Kleinen"? Demut, gewiß. Sich selber nicht hybrid über die anderen erheben, deren Leben notgedrungen nicht an den Himmel rührt, das auch. *Mit* diesen andern bleiben, und sich nicht phantasierend aus dem gemeinsamen Schicksal herausstehlen, so lese ich Meiers Bücher auch. Erinnerung sein an die Namenlosen – Menschen und Dinge. Irrte ich mich, wenn ich meine, daß eine Literatur der „kleinen Sujets" nicht untypisch für die Schweiz ist? Robert Walser ist nicht aus dem Nichts aufgetaucht, und schon Salomon Gessner kam aus Zürich. Als ob dieses Land, aus welchen Gründen und mit welchen Mechanismen auch immer, seine Dichter zwinge, sozusagen nach innen zu leuchten und das eigne Feuer in sehr sorgsam bewogenen Dosen nach außen abzugeben. Es wäre, dies nur in Parenthese, auch einmal eine Literaturgeschichte der Schweiz zu schreiben, die von jenen handelte, die mit dieser Art von Druck nicht umzu-

Vor dem „Hôtel de la Poste et du Lion d'Or" in Vézelay

gehen imstande waren und über die Grenzen hinausgedrückt wurden. Ausgebürgert, ohne daß die Heimat einen Finger gerührt hätte...

Wenn ich gefragt würde (also frage ich mich selber), was mir denn als das Eigenste, Unwiederholbarste, Kostbarste am Werk Meiers erschiene – meine Antwort wäre: seine Zärtlichkeit. Ich könnte es auch seine Poesie nennen, einen Glanz, eine zarte Erregung, die aus den Wörtern kommt und die Meier selbst einmal, falls er das gemeint hat, den „Geist des Textes" genannt hat. Eines der Geheimnisse dieses Dichters ist, daß er die Augen vor den Schrecken der Welt nicht verschließt und sie gleichzeitig mit Liebe betrachtet. Blaise Cendrars, um auf den Antipoden nochmals zurückzukommen, hat es, zum Beispiel in *Moravagine,* anders herum versucht. Ein kaum auszuhaltender Schreckenskatalog, und auch dieser ist gewiß von einem allerdings verzweifelt Zärtlichen geschrieben. Beim Schreiben – in *dieser* Welt, auf eine realitätsgerechte Art – Liebe für seine Figuren, und für die Dinge um sie herum, aufzubringen: das scheint mir inzwischen das Kühnste und Schwierigste überhaupt geworden zu sein.

Gerhard Meier,
Jürgen Manthey, Hermann Lenz,
Michael Krüger

Dietmar Kamper,
Walter Helmut Fritz,
Karla Fohrbeck

Michael Krüger,
Martin Lüdke, Lea Ritter-Santini,
Ernst Brücher

Marianne Koch, Bazon Brock, Dietmar Kamper, Wolfgang Liebenwein, Wolfgang Ebert, Peter Hamm, Gerhard Meier

DAS SCHWEIGEN *neigt sich dem Ende zu.*
Aus der Rinde, mit mir verwachsen,
wölbt sich ein Satz, der überzeugt:
„Was entzweit war
und schon tot, wird
mit den Worten wiederaufleben."

Meine Handrücken, Beweis
und mit der Rinde vergleichbar,
sind nur eine Wiederholung:
die Sinne sind immer noch
ein fruchtbares Land,
die Jahre regen sich noch mit den Fingern,
die Räume wachsen über die Felder,
die Erinnerung eint alles, und
und die Rückkehr wird zunichte.

Das Ganze liegt offen,
ausgemessen in der Zeit, vor mir.

Nur dem Tag fehlen noch
die letzten Worte.

GUSTAV JANUŠ

Molk se nagiba k kon
Iz skorje, ki je z menoj z
se boči stavek, ki prepric
»To, kar je bilo razdvoj
in že mrtvo, bo
z besedami spet oživelo.
Moji hrbti rok, dokaz
in s skorjo primerljivi,
so samo neka ponovitev:
čutila so še vedno
plodovita dežela

Gustav Janus

Lesung Karlheinz Stierle auf dem Mont Ventoux

Ja, das Schöne sieht man schlecht; aber Gustav Januš ist ihm in all seinen Gedichten auf der Spur. Es gibt kein Gedicht von ihm, das etwas behauptet oder meint. Seine Poeme sind, so könnte man sagen – und das ist es auch, was das Poetische an ihnen ausmacht –, das reine Hin und Her. (Gustav Januš hat im übrigen, soviel ich weiß, noch nie eine einzige Prosazeile geschrieben.) Das reine Hin und Her: die Schwebe, der Widerstreit, das Dialektische, (Verzeihung für dieses Wort). Insofern beschreiben seine Gedichte nicht nur Augenblicke, so wie es die japanischen haikus tun (mit denen Januš' Sprache trotzdem viel gemein hat), sondern ganze Tagesläufe: Das Hin und Her der langen Tage Reise in die Nacht, und zur Nacht hinaus. Und indem jedes Gedicht ein Tageslauf ist, zeigen die Gedichte zusammen einen Lebenslauf; nein, nicht nur einen, sondern viele Lebensläufe, oder einfach nur seinen, meinen und deinen...

PETER HANDKE ÜBER GUSTAV JANUŠ

Michael Krüger,
Hubert Burda

Tomas Tranströmer

Nicolaus Sombart

*Michael Krüger,
Lars Gustafsson, Hubert Burda,
Gustav Januš,
Urs Widmer, Peter Handke*

*Peter Handke,
Gustav Januš*

*Preisverleihung
im Kloster von Villeneuve*

*Heinz F. Schaffroth,
Ilma Rakusa, Rainer Speck
auf dem Mont Ventoux*

*Aufstieg
auf den Mont Ventoux*

*Dorle und Gerhard Meier,
Hermann und Hanne Lenz,
Hermann Bauer*

Im Garten des Petrarca-Hauses

Was ist es, das mich, über jeden Lebensgrund hinaus, eine solche Zuneigung hat fassen lassen zu dieser slowenischen Sprache? Ich weiß ja, daß jede Sprache schön ist, auch jene, die der sogenannte Volksmund (das Wort sollte es nur noch als Schimpfwort geben) verspottet. Aus dem Slowenischen höre ich jedoch noch einen Zusatz zu all dem Schönen und Lieblichen jeder Sprache heraus. Vielleicht ist es die Fülle der dinglichen Wörter, das heißt, der Wörter, die zugleich die Melodie, die Farbe, die Form, die Fruchtigkeit des jeweiligen Dinges wiedergeben. Und es handelt sich immer um die sogenannt kleinen, die ländlichen, die natürlichen Dinge, auch der Menschennatur. Ich nenne ein paar Beispiele. Im letzten Zitat steht das Wort „domotožje"; es bedeutet „Heimweh". Dieses „domotožje" nun ist zusammengefügt aus den Wörtern „dom" (Haus, Heim) und „tožba" (die Klage). Das Wort für „Trauer" ist „žalost". Das Wort für „Freude" ist „radost". Das Wort für „Sehnsucht" ist

Petrarca-Haus in Fontaine-de-Vaucluse

„hrepenenje". Das Wort für „Leben", sehr häufig bei Gustav Januš, ist „življenje". Das Dingwort für „Apfel" ist „jaboeko", das für die Maulbeere „murva", das für die Himbeere „malina". Dabei darf nicht verschwiegen werden, daß die slowenische Sprache, was die Begriffe, Abstraktionen, amtliche Wörter betrifft, im Gegensatz zu den gerade erwähnten von einer häßlichen, fast absurden Künstlichkeit ist: die Amtswörter sind nämlich jeweils wörtliche Entsprechungen zum Deutschen; es hat sie im Slowenischen nie gegeben; denn die Slowenen waren immer nur ein Volk („Volksgruppe" nennen die östereichischen Behörden das widersinnig, und wir anderen plappern es nach – als ob „Volk" und „Gruppe" je zueinander kommen könnten) – sie waren nur ein Volk und nie ein Staat.

Peter Handke über Gustav Januš

MEERESLUFT

Milde Meeresluft.
Der Himmel zuweilen gewitterschwarz.

Dann ein Abendlicht,
Als wäre etwas zu finden,
Wenn einer unbeirrt westwärts fliegt.

Vielleicht leuchtende Ewigkeit.

HERMANN LENZ

Hanne und Hermann Lenz, Michael Krüger, Peter Hamm

Gert Jonke,
Peter Hamm

Peter Handke,
Andrea Zanzotto im Garten
der „Villa Cipriani"

Christoph Sattler,
Rachel Salamander und
Stephan Sattler

Hanno Helbling,
Urs Widmer

Oskar Pastior,
Maria Furtwängler,
Michael Krüger,
Hubert Burda

Hermann Lenz,
Siegfried Unseld

Vor der Villa Pisani in Strà

Peter Hamm hält die Laudatio auf Hermann Lenz in der Villa Emo in Fanzolo

Die Villa Widmann-Foscari

Harmonie aber ist – mag das Wort für andere heute auch einen hautgout haben – für diesen Autor offenbar das höchste erreichbare Gut, Harmonie herzustellen betrachtet er anscheinend als die höchste Aufgabe für einen Autor: Wie kommt er selbst dieser Aufgabe nach? Zunächst einmal, indem er Schreiben begreift als ein Sich-Stemmen gegen den reißenden Zeitenstrom, als ein Anhalten der Zeit, indem er eine sozusagen heroische Passivität in sich ausbildet gegen die verlockenden Angebote des Aktuellen, des Zeitgeschmacks. Auch hier ist er übrigens durchaus wieder ambivalent: „Insgeheim beneidete er jeden, der mit dem Zeitgeschmack zurechtkam, ihn ausnützte", heißt es von Eugen Rapp im Roman „Ein Fremdling", denn: „Wenn dir der Zeitgeschmack nicht widerwärtig wäre, hättest du es leichter."

Leicht also hat er es nicht, und leicht ist es sicher nicht, den krassen Gegensatz zwischen Leben und Schreiben langsam einzuebnen, das Leben allmählich in Schreiben zu überführen – um der Harmonie willen...

Die Erinnerung. Von ihr hat Jean Paul gesagt, sie sei das „einzige Paradies, aus dem wir nicht vertrieben werden könnten"; und ich glaube, kein anderer deutschsprachiger Gegenwartsautor hat sich und uns ein so glaubwürdiges, ein so prächtiges Paradies der Erinnerung erschrieben wie Hermann Lenz, obwohl doch diese Paradiesespracht vor allem oder obenhin aus lauter Armseligkeiten und Geringfügigkeiten, aus gewöhnlichster Not und gewöhnlichstem Kummer zusammengefügt ist – ich könnte auch sagen: halt aus Lebens-Wirklichkeit, aus Lebenserfahrung. In seinem Marc-Aurel-Aufsatz hat Hermann Lenz denn auch betont, daß „alle Erfahrungen sich erst in der Erinnerung bilden".

„Der Mensch ohne Erinnerung" sei das „schlechthin Unmenschliche, kaum Tier, kaum Pflanze", schrieb Stifter; und wie fürchterlich wahr dieser Satz ist, lehren einen drastisch die Millionen Lebenstüchtiger, die sich seit langem nicht mehr daran erinnern können, wie sie sich und anderen erst unlängst noch das Leben zur Hölle machten. Kein anderer deutschsprachiger Autor hat die Nazi-Jahre und alles, was sie ausmachte, so unheimlich präzise und gleichzeitig so eigenwillig erinnert wie Hermann Lenz in seinen Romanen „Andere Tage", „Im inneren Bezirk", „Neue Zeit" und in der Erzählung „Der russische Regenbogen", die – und hier macht das abgedroschene Wort doch einmal Sinn – Pflichtlektüre für junge Deutsche sein müßten. Er hat diese Jahre vor allem nicht nachträglich ideologisch arrangiert und also nur als Hölle illuminiert, als das Außergewöhnliche, sondern sie begriffen als das Gewöhnliche; diese Jahre waren ja für jene, die damals ihr Leben leben mußten, eben auch beides – und beides unauflöslich ineinander vermengt –, das Gewöhnliche und das Außergewöhnliche, wahr und falsch, gut und böse, Himmel und Hölle...

Peter Hamm über Hermann Lenz

Wolfgang Ebert

Im Labyrinth
der Villa Pisani
in Strà

Wenn ich mich auf die Erde lege, werde ich
die Tränen hören jener, die drunten ist,
die Schritte, die in kalten Fluren schleifen
oder fliehend stolpern durch verlassene Gassen?

In meinem Kopf sind nächtliche Straßen, ich sehe
Zimmer, Gesichter durcheinander geschoben,
zahlreicher als die Blätter der Bäume im Sommer
und jedes selber wiederum angefüllt mit Bildern, Gedanken
– das ist wie ein Labyrinth von Spiegeln
im trüben Zwielicht schwankender Laternen –,
ich auch auf den Jahrmärkten ehmals
dachte, einen Weg ins Freie zu finden,
mich auch verlangte es nach anderen Leibern.
Ich habe den Kopf voll von falschem Licht, von irrenden Lichtern
in den Gruben eines finsteren Flusses,
ich weiß noch, unstillbare Münder waren da an seinen Ufern –

dies alles ist für mich jetzt unter der Erde,
und mein Ohr, ins Gras gepreßt, vernimmt sie,
durch das Dröhnen seiner eigenen Furcht hindurch und das
Sägen der Insekten, wie sie ächzt –
gebt ihr welchen Namen ihr wollt, sie ist da,
gewiß, sie ist drunten, dunkel, und sie weint.

mal éclairé par des lampes falotes –,
moi aussi dans les foires d'autrefois
j'ai pensé en trouver l'issue,
moi aussi j'ai langui après les corps.
J'ai plein la tête de faux-jours, et de reflets
dans les trappes d'un fleuve ténébreux,
je me souviens de bouches insatiables sur ses bords
tout cela maintenant pour moi est sous la terre
et mon oreille collée à l'herbe l'entend,
à travers le tonnerre de sa propre peur et les
coups de scie des insectes, qui gémit –
donnez-lui le nom que vous voudrez, mais elle est là,
c'est sûr, elle est dessous, obscure, et elle pleure

Philippe Jaccottet

Wolfgang Hermann

Alfred Kolleritsch

Franz Weinzettl

Hermann Lenz

Peter Handke

Claudio Magris

Friedhelm Kemp, Hanno Helbling

Was Jaccottet in den etwa vierzig Jahren seiner dichterischen Arbeit geschaffen hat, ist nämlich gerade ein Gewährenlassen, Zur-Geltung-Bringen und In-Schwebe-Halten: der Bäume, der Dinge, der Stille und vor allem des uns umgebenden Lichts (in Abwandlung einer im „Spaziergang unter Bäumen" als Beispiel höchster, das heißt bilderloser Kunst zitierten Gedichtzeile Hölderlins: „Und mit Gerüchen umgaben Bäum′ uns"). Wie aber schafft Philippe Jaccottet solch ein Gerechtwerden, solche – in seiner angemessen lakonischen Sprache – justesse, angesichts einer Welt, die bei ihm einmal „die Welt der wunderbaren Ungewißheit" heißt? Was ist seine Weise? Als Hauptantrieb seiner poetischen Aktivität erscheint mir ein energisches Sich-nicht-Einmischen in den Gegenstand, ein entschlossenes In-Ruhe-Lassen (auch um die eigene „ewige Unruhe" zu stillen). Der Ausgangsort eines jeden seiner Texte ist das: „Höre! Schaue! Schweige!"...

Peter Handke über Philippe Jaccottet

Georg Rudolf Lind, Michael Krüger,
Peter Handke, Hubert Burda, Peter Hamm, Uwe Kolbe,
Alfred Kolleritsch, Philippe Jaccottet
im Garten des Schloßes von Duino

Giorgio Voghera, Claudio Magris, Hubert Burda in der Trattoria „Ai Fiori" in Triest

Der junge John Keats hat die Wirkung der Poesie in einem Brief lapidar so benannt: „Das menschliche Leben und seine (verfeinerte) Wiederholung im Geist", oder heute gesagt, Jaccottet variiert die schön gestaffelte Welt in durchlässig gefügter Sprache noch einmal, und noch einmal... Solch ein wunderbares „Noch einmal" oder „Schon einmal" des Erlebnisses wäre auch die folgende Entsprechung (nicht Übersetzung) des „Spaziergangs unter den Bäumen": Sie steht ganz am Anfang, geradezu als Stichwort, eines zweitausendjährigen Gedichts, das zwar nicht mit Altern und Tod, aber mit Heimatlosigkeit, dem Vertriebensein an die Ränder, anhebt, Vergils erster Ekloge: Lentus in Umbra steht da als Entsprechung für „La promenade sous les arbres" – „langsam im Schatten"; wird, wer dieser Inschrift nachgeht, nicht noch einmal so langsam im Schatten? ...

So also zeigt sich unsereinem Philippe Jaccottets gesetzmäßiges Schreibleben: Von der Abwehr derjenigen Bilder, „die... dem (bewußten oder unbewußten) Verlangen entspringen, dem ersten Glied des Vergleichs sich zu entziehen, es zu verbergen oder es zu verfremden", über jene anderen Bilder, deren „Gegenteil", hin zu der Sehnsucht, überhaupt ohne jedes Bild „einfach die Tür aufzustoßen", mit den Gegenständen schlicht mitzu-

Michael Krüger, Giorgio Voghera

sprechen, zurück zum Geltenlassen jener Gegenteil-Bilder; dem: „Fähren oder Engel des Seins,/setzen sie den Raum neu instand." Zumindest eins solcher Bilder des unbekannten Menschen Jaccottet kam mir beim Lesen seiner Bücher in den Sinn, ohne daß es durch den Text selbst irgendwie vorstellbar würde: der noch junge Dichter tastet sich da mit einem seiner Lehrer, oder vielleicht mit dem älteren Dichter Gustave Roud, durch den dunklen Vorraum der jahrtausend alten Klosterkirche von Romainmôtier nördlich von Lausanne vor in das gerade ein wenig lichtere Hauptschiff, was aber genügen wird für seine Art von hellem Entschlossensein.

Und jetzt laßt uns alle hier von unserer „ewigen Unruhe" für eine Zeitlang – wie das ja der Hauptsinn dieses Preises ist – ausruhen, auf der Klippe von Duino, der zwar gewiß nicht beständig sonnigen, durch den Geist, der einst am Werk war, jedoch gewiß beständig ein wenig lichteren. „Commune dolor" war Petrarcas feinere Wiederholung für den Karfreitag – in den paar kurzen Zwischenzeiten aber: commune laetitia, oder jeder frei nach des Petrarca-Preisträgers wunderbar zaghaften *Nocheinmal:* „Für eine Zeitlang noch ist man im Kokon des Lichts."

Peter Handke über Philippe Jaccottet

Peter Handke, Jan Skácel,
Michael Krüger

Jan Skácel

Jan Skácel,
Felix Philipp Ingold

1989 LUCCA – *Jan Skácel*

Wo wir zu hause das salz haben

Lange war ich nicht zu haus.
Die mutter,
mit schuldbewußten augen,
begrüßte an der tür den seltenen besuch,
Der vater schloß das buch,
das schmal war wie die zeit,
die übrigblieb vom tag.

Sie setzten mich hinter den alten tisch,
schenkten himbeerwein ein.
Die linden blickten herein.
Am offenen fenster verneigte ich mich,
erstaunt, betrunken zu sein.

Knospe, knöspchen, sag,
ist das denn möglich,
von einem fingerhut voll wein
und noch dazu aus himbeeren?

Dummkopf,
fingergroß von der erde,
so klein bist du daheim,

duftete direkt ins ohr die rose.

Mit einemmal entsann ich mich,
wo wir zu hause das salz haben.

Jan Skácel

*Michael Krüger,
Peter Hamm, Hubert Burda,
Jan Skácel,
Felix Philipp Ingold,
Eva Schmidt, Peter Handke*

*Zbigniew Herbert,
Uwe Kolbe*

*Christa Maar, Mario Luzi,
Lea Ritter-Santini*

Gerhard Meier, Peter Handke

Lesung Mario Luzi im Garten der Villa Rossi in Gattaiola

Wer ist nun Jan Skácel? Wo kommen seine herrlichen Gedichte her? Was ist ihre Abstammung? Mit wem sind sie verwandt? Stehen sie ganz für sich? Was haben sie womit gemeinsam? Klar ist nur: Jedes Kind könnte sie begreifen – vor allem die Kinder –, sie brauchen keine Vergleiche, und doch wird meine Lust, darüber zu reden und die Gedichte weiterzugeben, begleitet, ohne daß ich darauf aus bin, von Vergleichslust, Erinnerungen, Bildern, Klängen.

So kamen mir durch Skácel die Sagen der Kindheit neu in den Sinn, die Sagen nicht nur meiner persönlichen, sondern unserer gemeinsamen mitteleuropäischen Kindheit, die Sagen, Märchen und Fabeln aus der, wie die

In Pisa

Gedichte es offenbaren, immer noch, auch jetzt gegen Ende des zwanzigsten Jahrhunderts, fortbestehenden und weiterwirkenden Kindheit der mitteleuropäischen Völker, wo im frischen alten Animismus die Wurzeln der Bäume tief unten in der Erde nachts ebenso aufleben wie im Finstern der Weinkeller in den Fässern „die sonne aus dem vorvorletzten jahr", während an der Straße „die weiße staubwehe schläft" und der Fluß einen Vers „flucht, wenn er so über die steine/nachts, im dunkeln, stolpert"...

Peter Handke über Jan Skácel

Ota Filip, Felix Philipp Ingold, Jan Skácel in Lucca

Das Gedicht ist auch ein Halm. Der rettende Halm. Und wir alle sind wie die, die ertrinken, und wir sind auch das Wasser in dieser schiffbrüchigen Welt. Das Gedicht ist aber auch ein schwerwiegendes Verwundet-Sein, denn die Dichter wehren sich wie die Bienen, und wie diese schenken sie denjenigen, die sie verwunden, ihren eigenen Tod, ihr eigenes Sterben. ...das Gedicht ist ein großes und unverletzbares Geheimnis. Was wissen wir heute Näheres und Wichtiges über Petrarcas Laura? Wirklichkeit ist nur die Laura, die Jahrhunderte in den Sonetten des Dichters überlebte. Wirklichkeit ist sie durch die Kraft des Dichters und durch die Poesie geworden, die sie hervorgerufen hat. Wir sollen darüber, über dieses Geheimnis, nichts, überhaupt nichts weiter erfahren. Hegen wir das Geheimnis! Es gibt Schleier, die man nicht berühren, die niemand straflos enthüllen darf...

Paul Wühr, Oskar Pastior

Am Anfang war das Wort. Und wir sind verpflichtet, den für ertrunken und totgetreten gehaltenen Wörtern ihren ursprünglichen Sinn wiederzugeben. Sie zu bereinigen und sie in ihrer natürlichen Schönheit und in ihrer Urwahrheit zu zeigen.

Es geht mir darum, damit die Freiheit wirklich frei ist, damit die Stille laut und das Wasser in den Flüssen bis zum Boden klar ist. Es geht mir also um alles.

JAN SKÁCEL

Lesen

1990 SIENA – *Paul Wühr*

Du liegst vor mir geschrieben
ich lese dich ab

LESEN

Du liegst vor mir geschrieben
ich lese dich ab

ich hör mich von dir sagen
viel Worte schön

dich hör ich so liebreich
liegen

ich denk ich deck die Worte
zu

so mußt du in mir noch
verstummen

so schläfst du auf diesen
Zeilen

still ist das Blatt ich kann
dich

nicht mehr lesen so schön du
bist

da fallen ganz andere Wörter
herein

die sind von mir nicht
geschrieben

sie liegen vor mir auf den
Zeilen

Ich lese sie ab ich hör von
ihnen nichts sagen

mich schweigen sie zu die Augen
lesen

ich sehe Wörter die laufen sie
immer nur ab

für uns steht da nichts mehr
geschrieben

PAUL WÜHR

ich hör mich von dir sagen
viel Worte schön
dich hör ich so liebreich
liegen
ich denk ich deck die Worte
zu
so mußt du in mir noch
verstummen
so schläfst du auf diesen
Zeilen
still ist das Blatt ich kann
dich
nicht mehr lesen so schön du
bist

Tomas Rosenlöcher, Wolfgang Hilbig, Christian Döring, Rainer Goetz, Angelika Klüssendorf, Peter Waterhouse, Michael Donhauser, sitzend Thomas Kling, Fabjan Hafner

Die gesamte Lyrik von Paul Wühr, dieses schwer zugängliche Massiv aus nur drei Bänden, folgt einer Poetik des Umwegs. Er ist das Gegenteil des geradlinigen Dichters, wie er als Typus heute massenweise das artistische Katheder beherrscht, der mit Beendigung der letzten Zeile seinen Gegenstand erledigt hat. Wenn der Umweg als poetische Figur wie als philosophische Kategorie Geltung beansprucht als Moment der Verlangsamung und Verzögerung einer auf Schnelligkeit getrimmten Lebensweise, dann ist Paul Wühr sein Prophet. Ein Prophet ohne Prophetie allerdings, der sein Heiliges lieber vorsichtig in Schleifen umkreist, als es zu benennen und damit auszustellen und preiszugeben. Kann man ihm folgen? Soll man ihm folgen? Ist er, wie der Dichter des eiskalten Feuers, ein Vorbild?...

Dorle Meier, Peter Hamm, Gerhard Meier, Peter Handke

Eine Spannung ohnegleichen kann man an den Gedichten ablesen, eine Anstrengung, sich vom Redefluß, der die Wirklichkeit umgibt und unnahbar macht, abzusetzen und eine Poetik zu finden, die nicht in der Schere zwischen Schönschreiberei und agressiver Regelverletzung zerrissen wird: die aber trotz allem, mit allem Trotz darauf besteht, in einer bestimmten Tradition weiterzuschreiben, neue Glieder einer Kette zu bilden, die mit Namen benannt wird: Hölderlin, Novalis, Mörike, Kleist. Und unter den Augen dieser Kronzeugen, in der bewußten Nachbarschaft der alles andere als romantischen Romantiker, heißt das Schreiben von Gedichten auch, daß mit den Gedichten die Frage gestellt und zu beantworten versucht wird: wer ist dieses un-heimische „Ich", das sich hier auf Umwegen ausspricht?...

Michael Krüger über Paul Wühr

Im Garten der Villa Catignano

Poesie will nicht heim ins System und an das Ganze erinnert sie sich nur, wenn es im Blitz aufleuchtet – so kurz, daß es zu keiner Maßnahme kommen kann: zusammenzustellen, was wie verloren im Ganzen sein will und immer vielstimmiger bis in den Ursprung zurück, der hier nicht als Anfang gemeint ist, sondern als Höhepunkt einer Freiheit, die sich keiner Möglichkeit verschließt. In diesem Ganzen ist Laura die Liebe. In ihr vermehrt sich die Poesie. Und sie weiß sich nicht vermessen, wenn sie sich – dafür zerfallend – mit all ihren Teilen ganz und gar der Mehrdeutigkeit öffnet, um immer unbestimmbarer werden zu können: die höchste Vieldeutigkeit, das Chaos, ist unerreichbar. Poesie atmet auf in dieser befreienden Aura: hier sagt sie die Liebe. Und alle von ihr

In der Limoneia der Villa Catignano

Betroffenen vertreten im goldenen Federkleid des Phönix heroldisch in der nach Lorbeer süchtigen, immergrünen Poesie diese selbst. Freilich ist sie einmal für immer Laura. Jedoch geht es liebend weiter dort, wo es die Liebe zu einer Frau wieder einmal gibt – aber viele Frauen nicht unter falschem Namen auftreten werden in dieser Liebe, weil sie alle wie die eine Poesie heißen, die den Geliebten bestimmt dazu, immer das Unbestimmbare zu wagen und in dieser Freiheit an den Traum gebunden zu werden, der alles umkehrt und davon redet: wie die Poesie so sehr die Liebe der Frau zum Mann oder zur Frau und die Liebe des Mannes zur Frau oder zum Mann ist – wie zu sich selbst...

Paul Wühr

Paul Wühr,
Fabjan Hafner

Peter Handke,
Michael Donhauser, Michael Krüger,
Thomas Kling, Felix Burda

Gerhard Meier, Peter Kammerer

François und Lil Bondy,
Michael Krüger

TRENNUNG

Wir mit unserer nomadenhaften Sprache
wir mit unseren nicht korrigierbaren Akzenten
und mit einem anderen Wort für Milch
wir, die wir mit dem Zug kommen
und uns auf Bahnsteigen umarmen
wir und unsere Waggons
wir, deren Stimme in unserer Abwesenheit
gerahmt an einer Schlafzimmerwand hängt
wir, die wir alles teilen
und nichts –
dies Nichts, das wir entzweibrechen
und mit einem Schluck hinunterspülen
aus der einzigen Flasche
wir, die der Kuckuck zählen lehrte
in was für eine Währung
hat man unser Singen umgewechselt?
Was wissen in unseren Einzelbetten wir
von Poesie? ...

JOHN BERGER

John Berger
im Castello di Rivoli

12

John Berger, Ilma Rakusa, Ulrich Zieger

Wolfgang Hilbig, Michael Krüger, Wolfgang Ebert

Heinz Schedlinski, Felix Burda, Uwe Kolbe, Christian Döring, Rainer Goetz, Ulrich Zieger, Wolfgang Hilbig, sitzend Andreas Neumeister

Jane und Heinrich Maria Ledig-Rowohlt

Andreas Neumeister, Hans Jürgen Balmes

Inge Feltrinelli

Das Wohnhaus, in dem Friedrich Nietzsche in Turin gelebt hat

John Berger, der Wir-Erzähler. Das Besondere an seinen Büchern aber ist – was ihren Reiz ausmacht über alles nur Politische hinaus, ihnen doch den universellen Ansatz gibt –, daß er zwischendurch auch Erzähler seines Ich wird, und zwar manchmal sogar des Ich ohne Rollenspiel, kein Sprecher und Anwalt der anderen mehr, nicht mehr ihr selbsternannter Geschichtenschreiber, sondern des nackten kindlichen unbewaffneten, weder von Begriffen noch von Wissen starrenden Ich-Selbst. Es ist das der John Berger, welcher nichts tut als gehen und sehen, und um dar-

Die Villadeati in Monferrato, Landsitz der Familie Feltrinelli

über zu schreiben, braucht er keine Ideologie mehr, auch nicht die des „Erzählers", er schreibt es einfach nieder, hin, auf, daneben, nebenhin, hintan oder zwischen. Und es ist das ein Geher und Schauer, wie er selber einmal sagt, „mit gesenktem Kopf", auf den Straßen und Wegen ganz Europas, ob er nur die Farbe des Staubs der Feldwege in Savoyen hintupft oder die Eigentümlichkeit des Asphalts einer jugoslawischen Straße skizziert...

PETER HANDKE ÜBER JOHN BERGER

Unteilbar

Wissen sie nichts, die Toten, erinnern sie nichts?
Die Augen meiner Toten treffen die meinen oder
blicken, mit meinen verschmolzen, zur Eiche, die ich gepflanzt
und die jetzt größer steht als ich, und schaun
in die lebenden Augen, die
meiner Kinder Augen waren und jetzt
in ihrer Kinder Augen schaun, sich selber
sehend oder, über sich hinaus,
Züge, Zeichen, die kein Horizont umrahmt.

Mit vergehenden Augen zwar schau ich
den Garten, der mir entwächst, und die Zimmer
voll nicht zu Ende geführter Dinge,
abgetaner und halb vermoderter, –
dennoch und weiterhin muß ich den Atem lieben, das Fleisch,
die gehegte Faser, Setzlingswachstum nicht für mich,
geendetes Wachstum auch und das ungefällte Gerippe
der Esche, von vergossenem Steinöl vergiftet, – und werde
weiterhin, bis der letzte Rest Lebens aus mir geht,
während mit ihren Zahlen die Zeit im Kopf mir zerfällt.
Ach, und die Wörter selbst, „tot“, „lebendig“, sind heimisch
in einer Sprache so tot wie Latein, das längst
gelernte und längst vergessene, das irgendwo
noch Leben hält, bewohnt ist, gelebt, geliebt,
von einer Zunge geformt, die es schmeckt, –
und selbst das Wörtchen „ich“,
einer halben Lüge Gefäß und mir vermacht,
zerfließt in diesem Licht vom Einbruch der Nacht
oder Anbruch des Tags.

Michael Hamburger

Indivisible

Do the dead know nothing, remember nothing?
The eyes of my dead meet mine
Or, merged with them, look at the oak I planted
Grown taller than I, and look
Into the living eyes
That were my children's, that
Into their children's look, seeing themselves
Or, beyond themselves,
Features, lineaments no horizon frames.

Though with dying eyes I look
At the garden outgrowing me
At the rooms full of things unfinished,
Things done with, long half rotten,
Still I must love the breath, the flesh, the [illegible] fibre tended,
Growth not for me, the seedlings, and growth e[illegible]
Skeleton left unfelled of an ash-tree that spilled
And shall [illegible] life in me's e[illegible]
While time with its numbers crumbles in my head
Or, and the very words, 'living', 'dead'
Belong to a language dead as Latin learnt and forgotten
Until, somewhere, still is alive,
Lived in, loved, shaped by a tongue that tastes it –
And the very word 'I',
Frame of a half-lie bequeathed to me,
Melts in this light, nightfall's or dawn's

Michael Hamburger

1992 MODENA – *Michael Hamburger*

Auf der Piazza vor dem Dom in Modena

Der Abstand, hat Simone Weil gesagt, sei die Seele des Schönen. Michael Hamburgers dichterische Wegstrecke ist eine des immer größeren, immer gelungeneren Abstandnehmens, Abstandgewinnens: Abstand zum literarischen Betrieb ohnehin, in dessen Niederträchtigkeiten, die sich mit denen jedes anderen Betriebs messen können, sich Michael Hamburger nie verstrickt hat; Abstand aber vor allem zu sich selbst, der neben dem Gärtner und dem Reisenden auch einen schon römisch und horazhaft anmutenden Stoiker in sich ausgebildet hat...

Peter Handke, Alfred Kolleritsch, Michael Krüger, Michael Hamburger, Peter Hamm, Hubert Burda

Und noch auf etwas anderes möchte ich am Ende zurückkommen, nämlich auf Michael Hamburgers in seinen Erinnerungen gegebenes Versprechen, „dem Staunen und der Empörung treu zu bleiben, solange sie wiederkehren, immer unerwartet, immer auf eine Weise, die ich weder planen noch wählen kann, und still zu sein, wenn es nichts gibt, was durch mich zum Ausdruck kommen will"...

Peter Hamm über Michael Hamburger

Peter Handke

Hermann Lenz, Peter Handke, Peter Hamm im Garten der Villa Nonautola

Der Dichter muß gleichsam wie ein Kind mit der Benennung der elementarsten Dinge sich immer neu seiner selbst vergewissern, er muß sozusagen immer neu das Sprechen lernen und jene Grundworte wiederfinden, die unterm Wörter-Geröll des Geredes verschüttet sind. Solche Besinnung auf das Elementarste steht nicht am Anfang, sondern am Ende einer Entwicklung, in der Michael Hamburger konstant auch den Weg vom Lauten zum Leisen gegangen ist, den Weg von der Fülle zur Kargheit, den Weg von Hektik und Ungeduld zur Entdeckung von Langsamkeit und Geduld, den Weg vom Wissen zu jener Art von Weisheit, die der Dichter selbst in seinem Kafka-Essay so definiert hat: "Weisheit unterscheidet sich von der Klugheit dadurch, daß sie keine Waffe des kämpfenden Selbst ist"...

Michael Hamburger ist gegen die Siegerpose offenbar ebenso gefeit wie gegen die Leidenspose. Und wenn auch ihm jene Gewalt, die von allen Gewalten die unausweichlichste ist, wenn auch ihm die Liebe Wunden geschlagen hat, so leckt er diese doch nicht genüßlich im Gedicht, sondern verwandelt sie dort zu Erfüllungen oder doch zu Verheißungen, Verheißungen von etwas Höherem...

Peter Hamm über Michael Hamburger

Снова — любимое

во сне

кожицей ?

ABERMALS LIEBES

Was hatte gott im traum vergessen
unter dieser hauchdünnen haut?

Er war hier zum ersten mal verwundert.
und das macht diese weite bedeutsam.

Lauter leise wellen
und lauter ferne ufer...

Und wo bin dort ich?
Die augen öffnen sich doch
mit den wimpern in meine richtung,
und irgendwo unter ihnen werde ich

zum nie und nimmer vorhandenen.

Ich habe angst vor den lauten,
und habe angst vor dem licht,
um dieses gesicht,

aber das leben vergeht schon, und wir halten alles aus

diesmal.

GENNADIJ AJGI

я впервые

знаменательно тем

бы

берега

ваются

сторону,

и я становлюсь

никогда и не существовавшим.

Gennadij und Galina Ajgi, Felix Philipp Ingold, Durs Grünbein nach der Preisverleihung im Franziskaner-Kloster Monteripido in Perugia

Joachim Sartorius, Gennadij Ajgi, Ilma Rakusa

Felix Philipp Ingold, Gennadij Ajgi

Gennadij Ajgi, Karl Dedecius

Inger Christensen, Hanns Grössel, Inge Poppe, Oskar Pastior

Giorgio Lungarotti, Aenne Burda

Felix Philipp Ingold, Oskar Pastior, Gennadij Ajgi

Paul Wühr, Luigi Forte, Wolfgang Ebert, Oskar Pastior in Assisi

Lesung Inger Christensen, Hanns Grössel in San Rocco

In Gennadij Ajgis Dichtung scheinen die schlichten Dinge der natürlichen Lebenswelt als verschriftliche Wort-Dinge wiederzukehren. Das Repertoire solcher Dinge und Wörter bleibt bei Ajgi freilich auf einen relativ geringen Set beschränkt. Nur das Einfachste, Vertrauteste ist ihm als motivische Vorgabe für seine Dichtung gut genug. Umsonst wird man hier nach großstädtischen Realien oder nach Hinweisen auf postmoderne Befindlichkeiten suchen; weder als Sache noch als Tatsache kommen bei Ajgi Krieg und Umweltzerstörung, Mafia und Aids, Terrorismus oder Drogentote vor, in seinen Gedichten gibt es keine Flughäfen, keine Ferienparadiese, keine Fabriken, keine Sonnenuntergänge, keinen Treibhauseffekt.

Doch es gibt die Schlichtheit des Elementaren, die eine Sonne, diese Birke da, diese Rose, jenes Feld, den Hügel dort, den Wald, das Licht jetzt, den Schnee hier, dich als Freund, diesen Weg, mein Haus, da – den Himmel, da – den Abgrund; es gibt das alltägliche Wunder, den jähen Schmerz, und immer ist es *mein* Schmerz, *unser* Wunder – etwas Bestimmtes; nämlich das jetzt und hier *für uns* Bestimmte. Wozu bei Ajgi auch das Wort gehört, das in seiner dinghaften Einfalt dasteht wie „ein Pflock...im Feld...am Weg"...

Ajgis Texte – nicht anders als Orakel- oder Zaubersprüche – sind, wenn sie zu Ende sind, noch längst nicht zu Ende; sie stellen ein Schweigen her und sprechen darin weiter, mit der Stimme – in der Sprache des Lesers. Auch so geschieht Dichtung.

Was Gennadij Ajgi uns zu lesen gibt, das gibt er uns – wir haben es begriffen – nicht gleich auch zu verstehen; er gibt es einfach her. Sein Wort, sein Gedicht ist die absolute Gabe, und die Gabe ist die Frage, die sich selbst genügt, eine Gratisgabe sozusagen, unverlangt und ohne Grund – nie abzugelten...

Felix Philipp Ingold über Gennadij Ajgi

gib
geb
von
gän
Spl
bod
Him
das

1994 WEIMAR – *Helmut Färber*

starr, blind, tot, aber es
es Betongrau. Gebleichtes,
ges Grau der Bretterwände
Ölfarbblechgrau eines Fuß=

Ein Grau kann häßlich sein, starr, blind, tot, aber es gibt keines, das lügt. Fleckiges Betongrau. Gebleichtes, geblichenes, unmerklich silbriges Grau der Bretterwände von Feldscheunen. Das stumpfe Ölfarbblechgrau eines Fußgängerstegs über Bahngleise. Das mit reglosen trübweißen Splitterpunkten durchsetzte Asphaltgrau eines Bahnsteigbodens, an den Kanten rostfleckig von den Zügen. Weltgrau, Himmelsgrau, Schilfgrau, die rettende Farbe, Sehensfarbe, das Augenlicht.

HELMUT FÄRBER

as mit reglosen trübweißen
phaltgrau eines Bahnsteig=
kig von den Zügen. Weltgrau,
ettende Farbe, Sehensfarbe,

*Elisabeth Edl, Wolfgang Matz,
Fritz Arnold*

*Elisabeth Edl, Alfred Kolleritsch,
Wolfgang Matz, Helmut Färber, Peter Handke,
Hubert Burda, Barbara Honigmann,
Peter Hamm, Michael Krüger*

*Inger Christensen,
Arnold Stadler*

Michael Krüger,
Peter Hamm, Helmut Färber
während der Preisverleihung
im Wittums-Palais

Peter Hamm, Michael Krüger,
Barbara Honigmann

Paul Wühr,
Gerhard Meier, Hanns Grössel
in der Orangerie

Vor dem Liebhabertheater

Bazon Brock vor der Büste der Herzogin Anna Amalia

Einen Sehdenker habe ich Helmut Färber genannt, und wieder ist er dann auch noch jemand anderer; mehr? weniger? Mir scheint, mehr, in dem er, in den richtigen Schreibmomenten, weniger ist, oder weniger tut. (Und so kommen wir zurück zu Francesco Petrarca, oder Hermann Lenz, oder Gerhard Meier, oder zu den Gebrüdern Grimm, zu den Märchen, zu Donald Duck und zu den Gedichten.) Seltsam schon, wie sich mir beim Wiederlesen der Sachen Helmut Färbers die Art oder Unart des Unterstreichens umgeformt hat in ein Punktieren: Ich bin dazu übergegangen, oft und oft unter jedes einzelne Wort seiner Sätze und Absätze einen oder mehrere Punkte zu setzen. Das kam daher, daß ich die Wörter einmal ganz an ihrem Platz spürte, und auch

Michael Knoche in der Herzogin Anna Amalia Bibliothek

mit den richtigen Zwischenräumen und Leerstellen. In dem Punkte-Setzen bin ich, der Leser, an dieser Prosa, zugleich mit dem Erkennen und Eine-Lehre-Erfahren, ins Skandieren gekommen – also das Umgekehrte zu Färbers Griffith-Satz, wonach dort aus der Weltwahrnehmung die Abhandlung entsteht: anhand der Abhandlung erlebte ich ein „Zurückübersetzen" (auch so ein Färber-Wort) in ein gleichsam taktangebendes Wahrnehmen. Gedanken, Bild und Gedicht werden bei diesem Wissenschaftler eins, zeitweise, und auch so vorübergehend, wie das eben der Fall ist und sich wohl auch gehört...

PETER HANDKE ÜBER HELMUT FÄRBER

Im Garten
von Schloß Kochberg

Mollusc

By its nobship sailing upside down,
by its inner sexes, by the crystalline
pimplings of its skirts, by the sucked-on
lifelong kiss of its toppling motion,
by the viscose optics now extruded
now wizened instantaneously, by the
ridges grating up a food-path, by
the pop shell in its nick of dry,
by excretion, the earthworm coils, the glibbing,
by the gilt slipway and by pointing
perhaps as far back into time as
ahead, a shore being folded interior,
by boiling on salt, by coming uncut over
a razor's edge, by hiding the Oligocene
underleaf may this and every snail sense
itself ornament the weave of presence.

Les Murray

Die Molluske

An dem Hauptschiff, das kopfüber segelt,
an den inneren Geschlechtern, an den kristallenen
Pickelchen ihrer Röcke, am angesaugten
lebenslangen Kuß ihrer krängenden Bewegungen,
an der zähflüssigen Optik, mal rausgedrückt,
mal fix davongewelkt, an den Furchen,
die sie den Futterweg hochraspelt, an der
Knackschale in ihrer trockenen Nische,
an Ausscheidung, Regenwurmröllchen, Glitschigem,
an der silbrigen Gleitspur und indem
sie vielleicht so weit in die Zeit zurückweist
wie nach vorn, ein Ufer, nach innen gefaltet,
indem sie auf Salz kocht und ungespalten
über des Messers Schneide kriecht, indem sie das Oligozän
unter Blattwerk verbirgt, mögen sie und alle Schnecken
sich als Schmuck im Gewebe des Daseins erkennen.

Les Murray

Les Murray
Ein Zyklus

Les Murray

Fritz Arnold,
Wolfgang Ebert

Caroline Neubaur,
Les Murray, John Berger

Peter Hamm,
Barbara Honigmann

Verena Reichel, Paul Wühr, Uwe Brandner, Peter Kammerer, Caroline Neubaur, Fritz Arnold

Les Murray schreibt seine preisenden Verse in der tiefsten Überzeugung, daß Dichtung heute gegen Kritik und Theorie, die sie zu ersetzen drohen, verteidigt werden muß: Ich glaube, sagt er, daß Dichtung das beste Modell ist, nach dem sich Menschen ihre Realität organisieren können und daß sie die wahre und einzige Linse ist, durch die wir irgend etwas sehen. Der Dichter als der andere, friedliche Gesetzgeber jenseits des Opfers: unter diesem Wort haben wir uns nun zwanzig Jahre lang im Juni getroffen, um nichts anderes zu tun als Gedichte vorzu-

Lars Gustafsson mit seinen Kindern Benjamin und Karen auf dem Weingut „Château Bas"

lesen und Dichter auszuzeichnen. Les Murray ist der letzte, dem wir zuhören werden. Er habe seine Gedichte in der Vorstellung geschrieben, sagt er einmal, daß eines Tages Überlebende einer großen Katastrophe diese Gedichte finden und unter Tränen ausrufen: „Schau, das war das alte friedliche Australien; das glückliche Land, das wir zerstörten!"...

Michael Krüger über Les Murray

Im Garten von „Château Bas"

Wir befinden uns, nachlesend, in einer anderen Welt, einer Welt ohne List und Eigensinn, dafür mit einer Selbstsicherheit begabt, die aus älteren Gewißheiten schöpft: men must have legends, else they will die of strangeness – und schon ist man Teil dieser Legende, eingewoben in Silbe und Klang, die einem eine Geschichte wiederholen, in der das Vergessene sich mit dem Gegenwärtigen verbindet. Es ist ein schmaler Grat, auf dem einer gehen muß, wenn solche Gedichte – man kann auch sagen: Lieder – gelingen sollen, die zwei Räume, einen bekannten und einen unbekannten, zusammenschließen...

Michael Krüger über Les Murray

Les Murray, Peter Hamm, Peter Handke, Michael Krüger, Arnold Stadler, Alfred Kolleritsch, Verena Reichel, Hubert Burda
nach der Preisverleihung in der Abbaye de Montmajour

Im Gegensatz zu den mir bekannten Preisen war das Fest um diesen auch, im großen ganzen ein beseeltes, durchdrungenes: Denn es geschah durch die Worte: die Laudationes, das einander Vorlesen, noch und noch, ohne Konkurrenzgehabe. Wie oft habe ich Monate gebraucht, im Lesen und Formulieren, um dann eine Stunde lang das Fest der Poesie feiern zu können; wir in der „Jury" haben alle viel gearbeitet für diesen Preis und seine magische Dauerstunde...

PETER HANDKE

Peter Handke, Alfred Kolleritsch,
Michael Krüger,
Peter Hamm, Hubert Burda
vor dem Bild von Barbara Honigmann

Peter Hamm, Oskar Pastior, Christoph Meckel, Isolde Ohlbaum, Rolf Haufs in Florenz 1980

Der Tag danach

Asolo, einst zaubrischer Zufluchtsort der Duse, 1987 für drei Tage und Nächte unser Domizil und Ausgangspunkt zu den Visiten der Palladio-Villen ringsum im Lande (eine gab den prächtigen Rahmen ab für die Preisverleihung an Hermann Lenz). Vermutlich war es Peter Handke, der zwischen den Lesungen, Exkursionen und Gelagen gern allein auf Entdeckungsreise ging und in Asolo schon am ersten Tag die Trattoria für den Tag danach entdeckt hatte, ein ganz unauffälliges Haus in der Stadtmitte, mit einem Eingang wie in ein kleines Ladengeschäft, doch zum Hof hin mit einer wein- und efeuumrankten Terrasse von gewaltigem Ausmaß, die den Blick freigab auf die sanfte Hügellandschaft zwischen Piave und Brenta bis hinunter in die paduanisch-venezianische Ebene. Hier saßen wir nun an einem der langen Holztische, zehn oder zwölf jener Unentwegten, Nimmermüden und Nimmersatten, die sich früh darauf verständigt hatten, die Vertreibung aus dem Petrarca-Paradies nicht hinzunehmen, um einen Tag wenigstens hinauszuzögern. Unser köstliches Mittagsmahl zog sich, als hätten wir die Tage zuvor nicht schon üppig genug getafelt, bis weit in den Nachmittag hinein, sodaß die ungemein verständnisvollen Wirtsleute uns schließlich, nicht ohne uns zuvor mit etlichen Weinkaraffen zu versorgen, alleine auf ihrer Terrasse zurückließen, um sich ihrer Siesta hinzugeben. Ihr Erstaunen war groß, als sie uns am Abend immer noch am selben Platz vorfanden, freilich in ein wenig veränderter Formation, nämlich zu einer Art Abendmahl-Szene gruppiert, bei der es zwar keinen Judas gab, dafür aber an Lieblingsjüngern nicht mangelte, was Bilder von Isolde Ohlbaum bezeugen, auf denen so manches Dichterhaupt selig einer fremden Dichterschulter aufliegt. Nachts ging es dann noch nach Bassano del Grappa...

Der Tag danach. In der ganz gewöhnlichen Liebesmythologie verbindet sich mit ihm eher Ernüchterung, oft Katzenjammer: das also soll es gewesen sein!? In der ganz und gar ungewöhnlichen Geschichte des Petrarca-Preises, die nun mythisch werden muß mangels Fortsetzung, war der Tag danach für manche der eigentliche Glücks- und Festtag, an dem das, was sich die Tage und Nächte zuvor abgespielt hatte, im Es-sich-nocheinmal-erzählen erst ereignishafte Kontur gewann und sich als Wiederholung eines Pfingstwunders eigener Art offenbarte. Wahrlich, es wurde bei diesen Petrarca-Festen in feurigen Zungen geredet, und es war nicht die Fülle des Weins oder das Erlebnis arkadischer Landschaften, die dieses Feuer entzündeten (sie allerdings auch), sondern vor allem doch das plötzliche Aufscheinen jener Seinsform, die Hölderlin so beschworen hatte: „dichterisch wohnet der Mensch", als einer realen Möglichkeit. Aus welchen Wohnungen, Orten und Ländern sie auch gekommen sein mochten – der schmächtige Tschuwasche und die mächtige Dänin, der zerknitterte englische Berliner und der zarte siebenbürgische Berliner, der mit der Rhone in die Provence gezogene leise Waadtländer und der wilde englische Motorradschreck aus Savoyen, der spitzbübische Pole aus Paris und der müde mährische Kettenraucher, der alte Indianerhäuptling aus Niederbipp am Jurasüdfuß und der weißhäutige Weltkundschafter aus Schweden, der slowenische Österreicher und der Kärntner aus der Pariser Niemandsbucht, die begeistert berlinernde (ostberlinernde) Jüdin aus Straßburg und die telepathisch mit Island verbundene DDR-Dissidentin, der nach München vertriebene weise Stuttgarter und der nach Umbrien entführte wahre Münchner, der dröhnende schwedische Texaner und der buddhahafte australische Farmer –, sie alle und viele mehr fühlten sich wenigstens für einmal im Jahr ihrer Vereinzelung enthoben, fühlten sich aus Randexistenzen, wenn auch vorsätzlichen Randexistenzen, in Souveräne verwandelt, die im Zentrum standen, nämlich dem Zentrum der Poesie, und sich dort gegenseitig befeuerten als kindlich begeisterte Mitwirkende desselben festlichen Spiels.

Und jetzt sollen davon nur noch die Bilder Isolde Ohlbaums zeugen? Nie mehr ein Tag danach?

PETER HAMM

Was bleibt
Gärten. Orte. Freunde

Daß bei der ersten Besteigung des Mont Ventoux ein so heftiger Mistral wehte, daß Nicolas erst einen Platz in der Nähe der Schutzhütte für Bergsteiger finden mußte, um seine Worte auf Brinkmann zu sprechen.

Wie langsam Ernst Meister vorlas.

Daß die Augenblicke im Theater von Tusculum das waren, was man vielleicht das vollkommene irdische Glück nennen könnte.

Wie der Zwischenfall mit Achternbusch sich ereignete? War es Brock oder Handke oder Born, der zu ihm sagte: Spiel dich nicht so auf, nur weil der Vorführapparat für deinen Film nicht funktionert. Wolfgang Ebert sagte danach: So ist es, wenn man den Preis einem Theatermenschen gibt und nicht einem Lyriker.

Als Handke Alfred Kolleritsch anrief, um ihm als den zukünftigen Preisträger zu gratulieren, war er gerade dabei, ein Bœuf de Montmorency zuzubereiten.

Am Sonntagnachmittag auf einem Parkplatz in Siena sehe ich Ernst Meister zum letzten Mal.

Wie lange Bazon die Festons für seinen Tempel in Tusculum in den ikonographischen Handbüchern suchte. Bis er die richtigen bei Squarcione fand.

Was mit dem von ihm und Ernst Brücher eingegrabenen Buch wohl geschehen ist?

Bei der Jurysitzung in Salzburg regte Nicolas Born an, uns mit der Poesie der ganzen Welt zu befassen.

Wie Lea Ritter Santini, als wir alle in der Halle des Hotels Due Torre in Verona saßen, Else Meister so einfühlsam und sanft die Nachricht vom Tode ihres Mannes überbrachte. So daß Else sie fragte: Meinst Du vielleicht, daß Ernst jetzt tot sein könnte.

Daß im fensterlosen Raum in der Rue du Rhône in Genf, wo Handke und ich Ludwig Hohl trafen, Schnüre gespannt waren, an denen seine Manuskripte mit Wäscheklammern aufgehängt waren. Dazwischen Reproduktionen von Rembrandts Selbstbildnissen und Pinup-Girls aus dem Playboy. Und daß später im Film von Seiler, den er für das Schweizer Fernsehen gedreht hatte, die Mädchenfotos abgehängt waren.

Daß Handke ein Buch über Kunst und Gesellschaft, das ihm Nicolaus Sombart gegeben hatte, im hohen Bogen in den Swimmingpool warf.

Daß Lars Gustafsson auf eine spezielle Art Tennis spielte, mit sehr hohen Lobs, und dazwischen immer philosophische Texte zitierte.

Daß Bazon die meiste Zeit nur von Raketensprengköpfen sprach, die jetzt die NATO bei Vicenza stationiert hätte.

Wie das Gewitter sich über dem kleinen Schloß von Castelmuro im Bergell entludt und Andrea Florineth meinte: Es gäbe ebbe nüt was es nüt gibt.

Daß Joachim Kaiser den Bergweg nach Grevas Alvas oberhalb des Silser Sees erstaunlich schnell ging, obwohl er die ganze Zeit mit Mazzino Montinari über Nietzsche sprach.

Wie wir alle auf Handkes Walkman Michael Jacksons „Human Nature“ hörten.

Wie eine Geheimsprache klang das Slowenisch, das Handke und Gustav Januš miteinander sprachen.

Welch wunderbar geheimnisvolle Menschen ich durch den Petrarca Preis kennengelernt habe: Ilse Aichinger, Tomas Tranströmer, Sarah Kirsch, Gennadij Ajgi, Durs Grünbein, Jan Skácel, Philippe Jaccottet, Michael Hamburger, John Berger, Ilma Rakusa, Hanno Helbling, Inger Christensen.

Wo es das beste Essen gab? In meiner Erinnerung im „12 Apostoli“ in Verona.

Wie Hermann Bauer uns von der Pazzi-Verschwörung erzählte.

Mit welch alemannischer Klugheit Urs Widmer im Gespräch mit mir alle politischen Themen vermied.

Daß ich Petrarcas Gratwanderung zwischen den Colonnas und Cola di Rienzi nie richtig verstanden habe.

Wie voll der Ort L'Isle-sur-la-Sorgue schon im Juni von Sommertouristen war, so daß wir nicht den Bus verlassen wollten.

Daß es Siegfried Unseld zu Beginn gar nicht leicht fiel, auf einer Veranstaltung zu sein, die nicht von Suhrkamp organisiert war.

Wie lange Peter Hamm an seiner Laudatio auf Hermann Lenz arbeitete.

Daß man Isolde Ohlbaum nie spürte, wenn sie uns alle fotografierte.

Daß ein Mädchen aus Schweden Handke nachgereist war und so für den ersten Gesprächsstoff in Lucca sorgte.

Wie Gerhard Meier und Hermann Lenz im Garten eines friulinischen Weingutes zum ersten Mal Golf spielten, mit einem Eisen 7.

Die Schwierigkeiten, die wir mit der Generation hatten, die Felix Burda in der jungen Jury des Nicolas Born-Preises versammelt hatte.

Wie das Aufnahmeteam des Fernsehens mit Teleobjektiv die Petrarca Freunde im Garten des piemontesischen Hotels filmte. Wie wenn es sich um Verdächtige handeln würde.

Die Capriccio-Architektur des Palazzo Feltrinelli.

Wie der Besitzer der Autofirma Lamborghini mit Michael Krüger und mir eine Proberunde auf der Teststrecke in Modena fuhr.

Daß die schönsten Essen immer diejenigen waren, die im Freien stattfanden. Wie im Weingut der Lungarottis bei Perugia.

Was für ein schönes Haus Paul Wühr oberhalb des trasimenischen Sees besitzt, wie das Landgut, von dem Horaz erzählt.

Wie jung Fritz Arnold immer noch aussieht. Nach zwanzig Jahren.

Meine Sehnsucht nach Italien? Das meiste davon verdanke ich den Malern Hans Kuhn und Werner Gilles und dem Freund Peter Kammerer.

Wie schön Weimar war. Gerade durch den Gegensatz Barbara Honigmann und Helmut Färber.

Daß der Sohn von Les Murray die Gedichte des Vaters aufs Internet stellen will.

Daß Peter Hamm meinte, er wäre am schlechtesten getroffen auf Barbara Honigmanns Gruppenbild.

Daß die romanische Treppe im Kloster Montmajour, wo das Schlußbild von Jury und Preisträgern aufgenommen werden sollte, nach oben hin ins Leere ging. So daß wir bei der Aufnahme alle Angst hatten hinunterzufallen.

Daß es die zwanzig schönsten Jahre waren.

Hubert Burda

Biographien

Herbert Achternbusch

Geboren am 23. November 1938 in München. Malereistudium an der Kunstakademie Nürnberg. Ausübung verschiedener Berufe. Lebt heute als Filmemacher und freier Schriftsteller in München.

Ilse Aichinger

Geboren am 1. November 1921 in Wien. Nach dem Krieg Medizinstudium, dann Arbeit im Lektorat des S. Fischer Verlages und an der Hochschule für Gestaltung Ulm.
1953-1972 verheiratet mit Günter Eich.
Heute lebt sie wieder in Wien.

Gennadij Ajgi

Geboren am 21. August 1934 im Dorf Schajmurshino, Kreis Batyrjew, im Tschuwaschenland. 1953 Umzug nach Moskau. Wechselt 1960 – beeinflußt von Boris Pasternak und Nazim Hilmet – von der tschuwaschischen Sprache zum Russischen.
1961 erste Veröffentlichungen, Arbeit im Literaturmuseum. Keine Publikationsmöglichkeiten in der damaligen UDSSR, hingegen in Frankreich und Deutschland.
1972 Poesiepreis der Académie Française.
Lebt in Moskau.

John Berger

Geboren am 25. November 1926 in London, studierte Kunstgeschichte und ist als Maler, Zeichen-
lehrer, und Kunstkritiker tätig.
Lebt in Savoyen. Neben seinen Büchern und Essays verfaßte er Drehbücher für Alain Tanner.

Rolf Dieter Brinkmann

Geboren am 16. April 1940 in Vechta. Gymnasium, Buchhandelslehre, erste Publikationen. 1960 Umzug nach Köln, freier Schriftsteller. „Westwärts 1&2“ erscheint 1975. Am 23. April 1975 stirbt er bei einem Autounfall in London.

Helmut Färber

Geboren 1937 in München. Arbeiten und Studien zu Filmen und zur Film-Kunstgeschichte. Lehraufträge an der Filmhochschule München, der Filmakademie Berlin und der Universität München.
Freiberuflich tätig. Lebt in München.

Michael Hamburger

Geboren am 22. März 1924 in Berlin, wächst in England auf, unterrichtet an englischen und amerikanischen Universitäten.
Heute lebt er als freier Schriftsteller und Übersetzer mit der englisches Lyrikerin Anne Beresford in Middleton bei Saxmunham, Suffolk.

Zbigniew Herbert

Geboren am 29. Oktober 1924 in Lemberg. Studierte Jura, Philosophie und Kunstgeschichte.
Nach dem „Polnischen Oktober“ 1956 beginnt er, seine Gedichte und Essays zu publizieren. Nach einigen Jahren in Paris lebt er heute wieder in Warschau.

Ludwig Hohl

Geboren am 9. April 1904 in Netstal (Kanton Glarns) als Sohn eines Pfarrers. Aufgewachsen in Thurgau. Lebt von 1924 bis 1937 außerhalb der Schweiz, nach seiner Rückkehr in Genf. Erhält 1978 den Robert-Walser-Centenar-Preis.
Er stirbt am 3. November 1980.

Philippe Jaccottet

Geboren am 30. Juni 1925 in Moudon (Schweiz). Schule und Universität in Lausanne. Nach Aufenthalten in Rom und Paris heiratet er 1953 die Malerin Anne-Marie Hasler. Neben seinem dichterischen Werk schuf er ein bedeutendes übersetzerisches Werk mit Übertragungen in fünf Sprachen.

Gustav Januš

Geboren am 19. September 1939 in Zell-Pfarre/Sele (Kärnten).
Schreibt in slowenischer Sprache.
Lebt als Maler, Lyriker und Lehrer in Rosenbach (Kärnten).

Sarah Kirsch

Geboren am 16. April 1935 in Limlingerode (Südharz). Studium der Biologie und am Institut für Literatur „Johannes R. Becher“ (1963-1965). Freie Schriftstellerin.
Sie zieht 1968 nach Ost-Berlin, 1977 nach West-Berlin und lebt seit 1983 in Schleswig-Holstein.

Alfred Kolleritsch

Geboren am 16. Februar 1931 in Brunnsee/Steiermark. Studium der Geschichte, Germanistik und Philosophie.
Eintritt in den Schuldienst. Gründungsmitglied der Grazer Künstlervereinigung „Forum Stadtpark“, seit 1960 Herausgeber der Literaturzeitschrift „manuskripte“.
Lebt in Graz.

Hermann Lenz

Geboren am 26. Februar 1913 in Stuttgart. Studium der Kunstgeschichte, Archäologie und Germanistik in Heidelberg und München, wo er 1937 seine spätere Frau Hanne Trautwein kennenlernt.
Im Krieg Soldat. Seit seiner Entlassung aus amerikanischer Kriegsgefangenschaft freier Schrifsteller. Lebt seit 1975 in München.

Gerhard Meier

Geboren am 20. Juli 1917 in Niederbipp wo er noch heute lebt.
Abgebrochenes Hochbaustudium. 33 Jahre in einer Lampenfabrik, zuerst als Arbeiter, später als technischer Leiter, seit 1971 freier Schriftsteller.

Ernst Meister

Geboren am 3. September 1911 in Hagen-Haspe (Westfalen). Studium der Theologie, Germanistik, Philosophie und Kunstgeschichte. Arbeit in der väterlichen Fabrik.
Im Krieg Soldat.
Beginnt erst 1953 wieder zu publizieren.
Seit 1960 freier Schriftsteller. Am 15. Juni 1979 stirbt er in seiner Heimatstadt.

Les Murray

Geboren 1938 auf einer Farm in Bunyah, New South Wales, 250 Kilometer nördlich von Sydney.
Studium in Sydney, danach in Cambera als Übersetzer, dann freier Schriftsteller in Sydney, bevor er 1986 mit seiner Familie wieder nach Bunyah zurückkehrt.
Er ist Literaturredakteur der Zeitschrift „Quadrant".

Tomas Tranströmer

Geboren am 15. April 1931 in Stockholm. Studierte Literatur- und Religionsgeschichte sowie Psychologie. 1954 bis 1958 Mitherausgeber der literarischen Zeitschrift „Upptakt".
Lebt in Västerás.

Jan Skácel

Geboren am 7. Februar 1922 in Vnorovy (Südmähren). Literaturredakteur im Tschechoslowakischen Rundfunk.
Chefredakteur der Zeitschrift „Host do domu" bis zu deren Verbot 1969.
Publikationsverbot 1968 bis 1981.
Er stirbt am 7. November 1989 in Brünn.

Paul Wühr

Geboren am 10. Juli 1927 in München.
Lebt seit 1986 in Passignano (Umbrien).

Quellennachweis

Textauswahl von Isolde Ohlbaum

ILSE AICHINGER
„Winterantwort“ aus „Verschenkter Rat“
© S. Fischer Verlag,
Frankfurt am Main 1978

GENNADIJ AJGI
„Abermals-Liebes“ aus „Beginn der Lichtung“
aus dem Russischen
übertragen von Karl Dedecius
© Suhrkamp Verlag,
Frankfurt am Main 1971

JOHN BERGER
„Trennung“ aus „Und unsere Gesichter,
mein Herz, vergänglich wie Fotos“
aus dem Englischen
übertragen von Karin Kersten
© Carl Hanser Verlag,
München Wien 1986

ROLF DIETER BRINKMANN
„Fragment zu einigen populären Songs“
aus „Literaturmagazin 2“
© Rowohlt Verlag, Reinbeck

HELMUT FÄRBER
„Das Grau und das Jetzt“
veröffentlicht in „Akzente“ 1/88
© Helmut Färber, München

MICHAEL HAMBURGER
„Unteilbar“
aus dem Englischen übertragen
von Franz Wurm
© Michael Hamburger/Franz Wurm 1994

ZBIGNIEW HERBERT
„Herr Cogito und der Gedankenverkehr“
aus „Gedichte“
aus dem Polnischen übertragen
von Karl Dedecius
© Suhrkamp Verlag,
Frankfurt am Main 1974

LUDWIG HOHL
aus „Notizen oder von
der unvoreiligen Versöhnung“
© Suhrkamp Verlag,
Frankfurt am Main 1981

Die Fotos von Ludwig Hohl auf Seite 52
wurden währen der Vorführung des Filmes
von Alexander J. Seiler „Ludwig Hohl.
Ein Film in Fragmenten“ (herausgegeben
von Zyklop Film, Zürich 1982)
von der Leinwand abfotografiert.
© Pro Litteris, Zürich

GUSTAV JANUŠ
„Das Schweigen neigt sich dem Ende zu...“
aus „Mitten im Satz“
aus dem Slowenischen übertragen
von Peter Handke
© Residenz Verlag, Salzburg 1991

PHILIPPE JACCOTTET
„Wenn ich mich auf die Erde lege“
aus „Gedichte“
aus dem Französischen
von Friedhelm Kemp
© Klett Cotta, Stuttgart 1985

SARAH KIRSCH
„Oder die Fahnen am Markusplatz...“
aus „Drachensteigen“
© Langewiesche-Brandt,
Ebenhausen bei München 1979

HERMANN LENZ
„Meeresluft“
veröffentlicht in „Akzente“ 10/1995
© Herman Lenz

ALFRED KOLLERITSCH
„Wenn man Schreibt...“
aus „Einübung in das Vermeidbare“
© Residenz Verlag, Salzburg 1978

GERHARD MEIER
„So geht die Zeit dahin...“
aus „Land der Winde“
© Suhrkamp Verlag,
Frankfurt am Main 1990

LES MURRAY
„Die Molluske“
aus „Ein ganz gewöhnlicher Regenbogen“
aus dem Englischen
übertragen von Margitt Lehbert
© Carl Hanser Verlag,
München Wien 1996

ERNST MEISTER
„Ewigkeit“ aus „Wandloser Raum“
© Luchterhand Literaturverlag,
Frankurt am Main 1979

JAN SKÁCEL
aus „Fährgeld für Charon“
aus dem Tschechischen
übertragen von Reiner Kunze
© Merlin Verlag, Gifkendorf 1996

TOMAS TRANSTRÖMER
„Air Mail“ und „Präludien“
aus „Sämtliche Gedichte“
aus dem Schwedischen
von Hanns Grössel
© Carl Hanser Verlag,
München Wien 1997

PAUL WÜHR
„Lesen“ aus „Sage“
© Verlag Klaus G. Renner,
München

Alle anderen Texte sind Auszüge
aus den Laudationes der Juroren und
den Dankreden der Preisträger, die in den
Petrarca-Textbänden erschienen sind.

Die handschriftliche Fassung
der Gedichte wurde von den Preisträgern
zur Verfügung gestellt.

Die Autorin dankt für die Genehmigung zum
Abdruck und die freundliche Unterstützung.